高等职业教育创新型系列教材

物流管理综合实训

主编 肖云梅

北京理工大学出版社
BEIJING INSTITUTE OF TECHNOLOGY PRESS

版权专有　侵权必究

图书在版编目（CIP）数据

物流管理综合实训 / 肖云梅主编. -- 北京：北京理工大学出版社，2023.7

ISBN 978-7-5763-2586-7

Ⅰ.①物… Ⅱ.①肖… Ⅲ.①物流管理—高等学校—教材 Ⅳ.①F252.1

中国国家版本馆 CIP 数据核字（2023）第 129557 号

出版发行 / 北京理工大学出版社有限责任公司
社　　址 / 北京市海淀区中关村南大街 5 号
邮　　编 / 100081
电　　话 / （010）68914775（总编室）
　　　　　（010）82562903（教材售后服务热线）
　　　　　（010）68944723（其他图书服务热线）
网　　址 / http：//www.bitpress.com.cn
经　　销 / 全国各地新华书店
印　　刷 / 北京广达印刷有限公司
开　　本 / 787 毫米 × 1092 毫米　1/16
印　　张 / 11.75　　　　　　　　　　　　　　　责任编辑 / 申玉琴
字　　数 / 255 千字　　　　　　　　　　　　　　文案编辑 / 申玉琴
版　　次 / 2023 年 7 月第 1 版　2023 年 7 月第 1 次印刷　　责任校对 / 王雅静
定　　价 / 38.00 元　　　　　　　　　　　　　　责任印制 / 施胜娟

图书出现印装质量问题，请拨打售后服务热线，本社负责调换

前　言

党的二十大报告指出，"要深化教育领域综合改革，加强教材建设和管理"。本书以"任务驱动，行为引导"为核心指导思想，以工作过程为主线，分别阐述了运输方案设计、入库作业设计、出库作业设计、配送方案设计等一系列综合物流活动。本书既可以作为高等职业学校物流管理专业、电子商务专业及其他相关专业的教学用书，也可以作为物流行业相关人员培训学习的参考用书。

本书系湖南省职业院校教育教学改革研究项目重点项目"本科层次职业教育专业建设研究"（ZJZD2021013）研究成果，由湖南软件职业技术大学肖云梅担任主编，由湖南科技大学张天平教授主审。具体编写分工如下：湖南软件职业技术大学祁爽编写运输方案设计、配送方案设计的内容，湖南软件职业技术大学陈小芹编写入库作业设计的内容，湖南软件职业技术大学肖云梅编写出库作业设计的内容，湖南软件职业技术大学刘一编写前言及素养提升等相关内容，湖南软件职业技术大学赵敏负责数字资源的收集和整理，最后由肖云梅对本书进行统稿并组织校订。在此对所有支持和关心本书编写的领导和同仁表示衷心的感谢。

活页式实训教材模式是湖南软件职业技术大学校本教材改革的初步探索，是对其他兄弟院校多年教学经验的学习。由于编者水平有限，书中还有许多不完善的地方，敬请各位前辈和同仁指正。我们将在今后的教学改革中与时俱进，不断完善本书。

目 录

项目1　运输方案设计 ·· 1

 任务清单1-1　运输方式的选择 ··· 2
 任务清单1-2　公路运输组织 ·· 9
 任务清单1-3　铁路运输组织 ··· 15
 任务清单1-4　水路运输组织 ··· 24
 任务清单1-5　航空运输组织 ··· 39

项目2　入库作业设计 ··· 51

 任务清单2-1　入库流程图的绘制 ··· 52
 任务清单2-2　收货检验 ··· 57
 任务清单2-3　物动量 ABC 分类 ·· 64
 任务清单2-4　编制托盘条码 ··· 69
 任务清单2-5　绘制货物组托示意图 ··· 75
 任务清单2-6　上架存储货位图绘制 ··· 80
 任务清单2-7　就地堆码存储区规划 ··· 91

项目3　出库作业设计 ··· 97

 任务清单3-1　出库作业流程 ··· 97
 任务清单3-2　订单审核 ·· 104
 任务清单3-3　客户的优先权分析 ··· 107
 任务清单3-4　拣选作业 ·· 115
 任务清单3-5　出库过程中异常问题处理 ·· 119

项目4　配送方案设计 ·· 123

 任务清单4-1　图上作业和表上作业 ·· 124

任务清单 4-2 车辆配装配载	131
任务清单 4-3 最短路径选择运输路线	138
任务清单 4-4 配送路线优化	141

附录 146

附录 1 物流管理 1+X 职业能力测评试题样卷	146
附录 2 综合设计	157
附录 2-1 出库拣选作业组织与设计	157
附录 2-2 智慧物流作业方案设计与实施	162

参考文献 180

项目 1　运输方案设计

🎯 知识目标

1. 了解运输的概念、地位与作用,理解运输的特点;
2. 知道 5 种基本的运输方式及技术经济特征;
3. 理解运输市场及运输合理化;
4. 了解运输成本的构成,掌握降低运输成本的措施;
5. 了解运输产品质量的特征及提高运输质量的意义。

✒️ 技能目标

1. 能描述出各种运输方式的优缺点及适用范围;
2. 能绘制出 5 种基本运输方式的运输流程图;
3. 能正确计算 5 种基本运输方式的运费;
4. 能根据货运实际情况设计合理的运输方案。

🎲 素质目标

1. 通过分析交通运输方式选择和布局的影响因素,培养学生的协调观;
2. 培养学生对周围事物的观察能力、实践能力、问题探究能力;
3. 培养学生在工作中的责任意识和安全意识;
4. 培养学生自主学习和联系工作实际的能力。

任务清单 1-1　运输方式的选择

 素养提升

从十八大到二十大物流地位的变化

物流业一头连着生产，一头连着消费。在习近平总书记关于现代物流与供应链的一系列重要讲话的指引下，从十八大到二十大，十年间现代物流业快速发展，产业地位不断提升（见表1-1-1）。

表1-1-1　从十八大到二十大涉及的物流内容

重要会议	时间	涉及物流内容	简要解读
十八大	2012年11月	未直接提到物流、供应链等关键词，但十八大以来相继发布多项物流相关政策	十八大报告中虽然没有直接提到物流、供应链等关键词，但从十八大以来，国务院先后印发《物流业发展中长期规划（2014—2020年）》（国发〔2014〕42号）、《物流降本增效专项行动方案（2016—2018年）》（国办发〔2016〕69号）等政策文件，出台了简政放权、减税降费、补短强基、互联互通等一系列政策措施，引导实体经济降低物流成本水平，助力物流行业不断向上发展，物流业在市场经济中的地位逐渐凸显，发展步入快车道
十九大	2017年10月	在现代供应链领域培育新增长点、形成新动能；加强物流等基础设施网络建设；建设交通强国	十九大报告首次将物流与公路、铁路等国家重大基础设施并列，确立了物流基础性和准公益性的地位，提出在现代供应链领域培育新增长点、形成新动能；做出了交通强国的重大决策
二十大	2022年10月	着力提升产业链供应链韧性和安全水平；加快建设交通强国；确保重要产业链供应链安全	二十大报告两提产业链供应链，对供应链的关注从微观的企业层面提升到产业层面，将产业链供应链安全提升到国家安全层面，着重关注重点领域产业链供应链安全；再提交通强国

一、任务情景

请根据以下案例选择合适的运输方式：

（1）有一电脑配件共10吨，从广州运输到上海，运输时间为3天，采用哪种运输方式比较好？

（2）有5 000箱纸箱包装的洗涤液从广州运输到长沙，规格是每箱重15千克，每箱40

厘米×30厘米×30厘米，运输时间规定为10天内，采用哪种运输方式比较好？

（3）某制造商分别从3个供应商（A、B和C）处购买了6 000个配件，每个配件单价80元。目前这些配件是由3个供应商平均提供的，如供应商缩短送达时间，则将得到更多的交易份额，每缩短一天，可从总交易量中多得5%的份额，即300个配件。供应商在每个配件上可赚得配件价格20%的利润。各种运输方式的运输费率和送达时间如表1-1-2所示。

表1-1-2　各种运输方式的运输费率和送达时间

运输方式	运输费率/(元·件$^{-1}$)	送达时间/天
铁路	2.5	10
水路	4.0	7
公路	6.0	4
航空	10.8	2

请根据以上资料选择可以使供应商A获得最高利润的运输方式。

（4）某托运人在一定时期内有一批货物需要运输到某地，已经确定选择公路运输，其备选的承运人信息如表1-1-3所示，请帮助该托运人确定合适的承运人。

表1-1-3　该地区承运人运输服务指标评价

承运人	运价/元	信誉等级	安全性	运输时间/天	运输能力
A	0.25	10	8	3	9
B	0.2	9	7	4	10
C	0.3	8	9	2	8
D	0.35	7	10	2	10
权重	30%	10%	25%	25%	10%

注：安全性指标以10分为最安全，运输能力指标以10分为运输设备最好和运输网络最发达。

二、任务目标

通过本任务的技能训练，了解运输的概念，掌握5种运输方式的经济特点，学会根据不同货物的性质特点选择不同的运输方式。

三、任务要求

根据材料中的实际情况，选择合适的运输方式。

四、任务实施

第一步，了解5种不同运输方式的相关知识

商品运输可以采用不同的运输方式，各种运输方式各有特点。基本的运输方式有铁路运输、公路运输、水路运输、航空运输以及管道运输。每种运输方式所能提供的服务内容和服

德国NEVAG公司物流经营管理的发展与完善

务质量各不相同，因而，每种运输方式的成本也各不相同。企业应该根据自身的需求，综合考虑各方面的因素，选择合适的运输方式。

（一）铁路运输

通过铁路运输商品，最大的优势就是能够以相对较低的价格运送大量的货物。通过铁路运输的货物，其共同特点是低价值和高密度，且运输成本在商品售价中所占的成本比较大。铁路运输一般可以分为整车运输和集装箱运输两种类型。

铁路运输的主要优点：铁路运输一般符合规模经济和距离经济的要求，对大批量和长距离的运输情况来说，货物的运输费用比较低；现有的铁路网络四通八达，可以很好地满足远距离运输的需要；铁路可以全年全天候运营，受地理和气候的影响比较小，具有较高的连续性和可靠性；铁路运输的安全性也在逐步提高；相对来说，铁路的运输速度比较快。

铁路运输的主要缺点：对小批量的货物和近、中距离的大宗货物来说，铁路运输费用比较高；铁路运输不能实现"门到门"的服务；由于车辆调配困难，铁路运输不能满足应急运输的需求。

（二）公路运输

公路运输也是陆路运输方式之一，可称为汽车运输，是使用公路设施、设备运送物品的一种运输方式。在电子商务环境下，特别是对B2C、C2C等交易方式来说，公路运输是城市配送的主要方式。

公路运输的主要优点：在近距离的条件下，公路运输可以实现"门到门"的服务，且运输速度比较快；公路运输可以根据需要，灵活制定运输时间表，而且对货运量的大小有很强的适应性；对近距离、中小量的货物运输来说，使用公路运输的费用比较低；在运输途中，几乎没有中转装卸作业，发生碰撞的概率也比较小，对包装的要求不高。

沃尔玛通过物流运输的合理化节约成本

公路运输的主要缺点：汽车的载重量有限，一般公路运输的批量都比较小，不太适合大量的运输；在进行长距离运输时，运费比较高；公路运输比较依赖于气候和环境等因素，气候和环境的变化可能会影响运送时间。

（三）水路运输

水路运输由船舶、航道和港口组成，是一种历史悠久的运输方式。它是使用船舶运送货物的一种运输方式，也称为船舶运输。水路运输主要用于运输长距离、低价值、高密度、便于用机械设备搬运的货物。

水路运输的主要优点：水路运输最大的优点就是成本低廉，可以使用专用的船只来运输，散装原材料运输效率比较高。此外，水路运输的运载量比较大，其劳动生产率也比较高。

水路运输的主要缺点：水路运输的运输速度比较慢，是所有的运输方式中耗费时间最长的；行船和装卸作业受天气的制约，运输计划很容易被打乱；水路运输所运输的货品必须在码头停靠装卸，相当费时、费成本，无法实现"门到门"的服务。

（四）航空运输

航空运输是使用飞机运送货物的运输方式，简称空运。对于国际货物的运输，航空运输已经成为一种常用的运输方式。

航空运输的主要优点：运输速度非常快，一般在 800～900 千米/小时，适合运输急需的物资或者易腐烂、易变质的货物；飞机的机动性能好，几乎可以飞越各种天然障碍，可以到达其他运输方式难以到达的地方；被运输的货物只需要简单包装，包装费用低。

航空运输的主要缺点：航空运输成本高昂，只适宜体积小、价值高的货物，鲜活产品及邮件等货物；航空运输除了靠近机场的城市以外，对其他地区不太适用；恶劣的天气情况会对航空运输造成极大的影响，影响送货的及时性。

（五）管道运输

管道运输是利用管道设施、设备来完成物质资料运送的运输方式。利用管道运输的大部分货物都是一些流体的能源物资，如石油、天然气以及成品油等。

管道运输的主要优点：运输量大；运输工程量小，占地少；能耗小，是各种运输方式中最低的；安全可靠、无污染、成本低；不受气候影响，可以全天候运输，送达货物的可靠性高；管道可以走捷径，运输距离短；可以实现封闭连续运输，损耗少。

管道运输的主要缺点：专用性强，只能运输石油、天然气及固体料浆（如煤炭等）；管道运输量与最高运输量间的差额幅度小；管道运输路线一般是固定的；管道设施的一次性投资较大；管道运输不够灵活，只有接近管道的用户才能够使用；管道运输的速度比较慢。

第二步，确定运输方式的选择条件

运输方式的选择条件包括输送物品的种类、输送量、输送距离、输送时间、输送成本等 5 个方面。在上述选择条件中，输送物品的种类、输送量和输送距离 3 个条件是由物品自身的性质和存放地点决定的，因此属于不可变量。与此相反，运输时间和运输成本是不同运输方式相互竞争的重要条件，运输时间与运输成本必然改变所选择的运输方式。一般来说，运输速度特别是技术速度与运输成本有很大的关系，为正相关关系。因此，200 千米以内适合选择公路运输，200～500 千米适合选择铁路运输，500 千米以上适合选择航空运输。

第三步，明确运输方式选择的方法

如何选择合适的运输方式是物流合理化的重要问题。在运送货物时，可以选择一种运输方式，也可以选择多式联运的方式。

运输方式的选择需要根据运输环境、运输服务的目标需求，采取定性分析或定量分析的方法进行考虑。

（一）运输方式选择的定性分析方法

1. 单一运输方式的选择

单一运输方式的选择，就是选择一种运输方式提供运输服务。公路、铁路、水路、航空和管道等运输方式各有优点与不足，可以根据 5 种不同运输方式的优势和特点，结合运输需求进行恰当的选择。

2. 多式联运的选择

多式联运的选择，就是选择两种以上运输方式联合起来提供运输服务。在实际运输中，只有铁路与公路联运、公路或铁路与水路联运、航空与公路联运得到了较为广泛的应用。

（二）运输方式选择的定量分析方法

1. 综合评价选择法

综合评价选择法是运输方式选择的一种重要的定量分析方法。它是根据影响运输方式选择的 4 个要素，即经济性、迅速性、安全性和便利性来进行综合评价，根据评价的结果选择运输工具的方法。

以任务情景（1）和（2）为例进行介绍。

任务情景（1）有一电脑配件共 10 吨，从广州运输到上海，运输时间为 3 天，采用哪种运输方式比较好？

解答：虽然始发站和终点站皆为港口，但是由于此项运输活动对运输时间的要求较为严格，而水路运输通常耗时比较长，因而选择公路运输，以保证货物送达的准时性。

任务情景（2）有 5 000 箱纸箱包装的洗涤液从广州运输到长沙，规格是每箱重 15 千克，每箱 40 厘米×30 厘米×30 厘米，运输时间规定为 10 天内，采用哪种运输方式比较好？

解答：货物总重量为 75 吨，始发站广州和终点站长沙之间具有完善的铁路系统，且此次运输活动的时间较为充裕，公路运输、铁路运输都满足其准时到达的要求，但从经济性的角度出发，铁路运输更能节约运费。

2. 运输成本比较分析法

运输成本比较分析法是运输工具选择的量化分析方法。运输速度的可靠性会影响托运人和买方的库存水平。

以任务情景（3）为例进行介绍。

任务情景（3）某制造商分别从 3 个供应商（A、B 和 C）处购买了 6 000 个配件，每个配件单价 80 元。目前这些配件是由 3 个供应商平均提供的，如供应商缩短送达时间，则将得到更多的交易份额，每缩短一天，可从总交易量中多得 5% 的份额，即 300 个配件。供应商在每个配件上可赚得配件价格 20% 的利润。各种运输方式的运输费率和送达时间如表 1 - 1 - 2 所示。

请根据以上资料，选择可以使供应商 A 获得最高利润的运输方式。

解答：（1）基本公式如下：

$$收入 = 配件数量 \times 单价 \times 利润配额$$
$$成本 = 配件数量 \times 运价$$
$$利润 = 收入 - 成本$$

（2）计算步骤及结果如下：

以铁路运输时间为基本点，将数字代入公式得：

$P_1 = 2\,000 \times 80 \times 20\% - 2000 \times 2.5 = 27\,000$（元）

$P_2 = (2\,000 + 300 \times 3) \times 80 \times 20\% - (2\,000 + 300 \times 3) \times 4.0$

$$= 46\,400 - 11\,600 = 34\,800（元）$$

$$P_3 = (2\,000 + 300 \times 6) \times 80 \times 20\% - (2\,000 + 300 \times 6) \times 6.0$$
$$= 60\,800 - 22\,800 = 38\,000（元）$$

$$P_4 = (2\,000 + 300 \times 8) \times 80 \times 20\% - (2\,000 + 300 \times 8) \times 10.8$$
$$= 70\,400 - 47\,520 = 22\,880（元）$$

由于 $P_3 > P_2 > P_1 > P_4$，根据利润最大化原则，供应商 A 选择公路运输可以获得最大的利润。

3. 竞争因素衡量法

运输方式的选择如果直接涉及竞争优势，则应采取竞争因素衡量法。当买方通过供应渠道，从若干个供应商处购买商品时，物流服务和价格就会影响买方对供应商的选择。反之，供应商也可以通过对供应渠道运输方式的选择来控制物流服务要素。

以任务情景（4）为例进行介绍。

任务情景某托运人在一定时期内有一批货物需要运输到某地，已经确定选择公路运输其备选的承运人信息如表 1-1-3 所示，请帮助该托运人确定选合适的承运人。

解答：建立一个承运人评价体系，总分为 100 分，承运人各项评价指标的分数越高，越符合托运人的期望。评价指标中，运价、信誉等级、安全性、运输时间、运输能力满分分别为 30 分、10 分、25 分、25 分、10 分。

由题意得：运价为 0.20 元时为满分；信誉等级为 10 时为满分；安全性为 10 时为满分；运输时间为 2 天时为满分；运输能力为 10 时为满分，各项评价指标服从均匀分布。

根据评价体系，设各个承运人所得评分为 V_A、V_B、V_C、V_D。

根据加权平均法，代入数字计算得：

$V_A = 30 \times 0.2/0.25 + 10 \times 10/10 + 25 \times 8/10 + 25 \times 2/3 + 10 \times 9/10 = 79.67$

$V_B = 30 \times 0.2/0.2 + 10 \times 9/10 + 25 \times 7/10 + 25 \times 2/4 + 10 \times 10/10 = 79$

$V_C = 30 \times 0.2/0.3 + 10 \times 8/10 + 25 \times 9/10 + 25 \times 2/2 + 10 \times 8/10 = 83.5$

$V_D = 30 \times 0.2/0.35 + 10 \times 7/10 + 25 \times 10/10 + 25 \times 2/2 + 10 \times 10/10 = 84.14$

由于 $V_D > V_C > V_A > V_B$，根据评价体系可得，选择承运人 D 更符合托运人的期望。

【做中学、学中做】技能强化训练

1. 有一批服装，数量是 5 个 40 尺货柜和 3 个 20 尺货柜，从中国广州运输到美国纽约，运输时间是 20 天，请问采用哪种运输方式比较好？

2. 有一批电脑配件共 25 箱从中国广州运输到英国某地，使用纸箱包装，运输时间为 3 天，请问采用哪种运输方式比较好？

3. 2008 年 5 月 12 日我国汶川地区发生特大地震，急需大量救灾物资，此时最佳的运输方式应是哪种？

4. 克拉玛依位于准噶尔盆地西北缘，是中华人民共和国成立后的第一个大油田，被誉为盆地的明珠。自它在亘古荒原建立那天起，就与荣誉和神秘相伴，它使中国走出了"贫油论"的阴影，它是一个常年被风沙包裹的、经济结构单一的工业化城市，周边自然条件恶劣。其运输原油采用的是哪种运输方式？

5. 某贸易公司购买了 600 台某种型号的空调，每台单价 1 500 元。由于正处于销售旺季，商品如两天内送到，利润为采购价格的 20%，送达时间每增加一天，利润下降 1 个百分点，各种运输方式的运输费率和送达时间如表 1-1-4 所示。

表 1-1-4　各种运输方式的运输费率和送达时间

运输方式	运输费率/(元·件$^{-1}$)	运达时间/天
铁路	20	10
水路	30	7
公路	40	4
航空	80	2

请根据以上资料选择可以使该贸易公司获得最高利润的运输方式。

6. 某贸易公司购买了 600 件某种型号的货物，每件单价 1 000 元。该物品属于时尚用品，物品的价值随时间而降低，因此送货过程不但要考虑运输费用，还要考虑运输时间，在途运输时间每增加一天，货物价值下降 1 个百分点，各种运输方式的运输费率和运达时间如表 1-1-5 所示。

表 1-1-5　各种运输方式的运输费率和运达时间

运输方式	运输费率/(元·件$^{-1}$)	运达时间/天
铁路	30	10
水路	45	7
公路	55	4
航空	80	2

请根据以上资料选择可以使该贸易公司获得最高利润的运输方式。

7. 某贸易公司购买了 600 吨某种鲜活货物，每件单价 1 000 元。该物品属于鲜活货物，运输过程中需要采用保鲜措施，各种运输方式的运输费率、运达时间和保鲜费用如表 1-1-6 所示。

表 1-1-6　各种运输方式的运输费率、运达时间和保鲜费用

运输方式	运输费率/(元·吨$^{-1}$)	运达时间/天	运输保鲜费/[元·(吨·天)$^{-1}$]
铁路	30	10	5
水路	45	7	5
公路	55	4	6
航空	80	2	8

请根据以上资料选择可以使该贸易公司获得最高利润的运输方式。

8. 某托运人在一定时期内有一批货物需要运输到某地，已经确定选择公路运输，其备选的承运人信息如表1-1-7所示，请帮助该托运人确定合适的承运人。

表1-1-7　该地区承运人运输服务指标评价

承运人	运价/元	信誉等级	安全性	运输时间/天	运输能力
A	0.25	9	7	4	10
B	0.2	10	8	3	9
C	0.3	7	9	2	10
D	0.35	8	10	2	8
权重	35%	10%	20%	20%	15%

注：安全性指标以10分为最安全，运输能力指标以10分为运输设备最好和运输网络最发达。

任务清单1-2　公路运输组织

素养提升

> ### 二十大报告中的"交通运输"
>
> 　　二十大报告在第四部分"加快构建新发展格局，着力推动高质量发展"中明确指出：建设现代化产业体系，坚持把发展经济的着力点放在实体经济上，推进新型工业化，加快建设制造强国、质量强国、航天强国、交通强国、网络强国、数字中国。
>
> 　　二十大报告再次提出了要加快建设交通强国。交通运输是国民经济基础性、战略性、先导性产业，也是重要服务性行业，是服务构建新发展格局的重要支撑。综合交通运输体系不断完善，交通支撑实体经济降本增效的能力也在不断提升。根据交通强国的建设要求，到2035年，我国将基本建成"人民满意、保障有力、世界前列"的交通强国，到2050年，将全面建成交通强国，实现"人享其行、物优其流"。交通运输是承担物流总量最大、衔接物流环节最多、服务市场范围最广的物流关键环节，是现代物流发展的

基础主体。

在外部环境不稳定且内部要求不断提升的形势下,现代物流发展面临新要求:一是"双碳"发展目标对于交通运输尤其是公路货运的新要求;二是建设满足经济社会发展新需求的现代流通体系的新要求;三是推动物流业与制造业深度融合、创新发展的新要求;四是推动产业梯次转移,实现区域协调发展的新要求;五是经济复苏和供应链安全的新要求;六是电子商务快速发展,人民消费升级的新要求。

一、任务情景

广州商贸集团的李玉女士有一批衣服欲从广州运往北京飘飘服装公司,收件人为王勇先生,要求3天内到达。

物品描述:100箱衣服,重量为20千克/箱,每个箱子体积为30厘米×30厘米×30厘米,价值为2万元/箱。

托运人地址:广州市××区××路1号,广州商贸集团大厦×××室(邮编:5××××,电话:020-××××××××);

收货人地址:北京市海淀区××路2号,北京飘飘服装集团大厦×××室(邮编:1××××,电话:010-××××××××)。

二、任务目标

通过本任务的技能训练,熟练掌握公路运输运费计算的相关知识,并能熟练完成运输单据的填写和交接。

三、任务要求

(1)计算公路运输总运费。
(2)完成货物托运单的填写与交接。

四、任务实施

第一步,选择运输方式

在考虑运输时间、运输成本以及货物易损等因素的基础上,广州商贸集团的李玉女士决定选择公路运输,并通过咨询同行,选定红星物流有限公司来完成此次货物运输。

第二步,确定运费计算要素

在计算运费时,首先要明确以下3个要素:计费重量、计费里程、货物运价等。

(一)计费重量

整批货物运输以吨为单位,零担货物运输以千克为单位,集装箱运输以箱为单位。

(1)一般货物。整批、零担货物的计费重量均按毛重计算。整批货物吨以下计至100

千克，尾数不足 100 千克的，四舍五入。零担货物起码计费重量为 1 千克，重量在 1 千克以上，尾数不足 1 千克的，四舍五入。

（2）轻泡货物。轻泡货物是指每立方米重量不足 333 千克的货物。装运整批轻泡货物的高度、长度、宽度，以不超过有关道路交通安全规定为限度，按车辆标记吨位计算重量。零担运输轻泡货物以货物包装最长、最宽、最高部位的尺寸计算体积，按每立方米折合 333 千克计算重量。

（二）计费里程

（1）货物运输的计费里程按交通部和各省、自治区、直辖市交通行政主管部门核定、颁发的《营运里程图》执行。《营运里程图》未核定的里程由承、托双方共同测定或经协商按车辆实际运行里程计算。货物运输计费里程以千米为单位，尾数不足 1 千米的，进整为 1 千米。

（2）出入境货物运输的境内计费里程以交通主管部门核定的里程为准；境外里程按毗邻国（地区）交通主管部门或有权认定部门核定的里程为准。未核定里程的，由承、托双方协商或按车辆实际运行里程计算。

（3）因自然灾害造成道路中断，车辆需绕道行驶的，按实际行驶里程计算。

（4）城市市区里程按当地交通主管部门确定的市区平均营运里程计算。当地交通主管部门未确定的，由承、托双方协商确定。

（5）计时包车货运计费时间以小时为单位，起码计费时间为 4 小时；使用时间超过 4 小时，按实际包用时间计算。整日包车，每日按 8 小时计算；使用时间超过 8 小时，按实际使用时间计算。时间尾数不足半小时舍去，达到半小时进整为 1 小时。

（三）货物运价

1. 基本运价

（1）整批货物基本运价：一等整批普通货物在等级公路上运输的每吨千米运价。

（2）零担货物基本运价：零担普通货物在等级公路上运输的每千克千米运价。

（3）集装箱基本运价：各类标准集装箱重箱在等级公路上运输的每箱千米运价。

2. 普通货物运价

普通货物实行分等计价，以一等货物为基础，二等货物加成 15%，三等货物加成 30%。

3. 特种货物运价

（1）长大笨重货物运价：一级长大笨重货物在整批货物基本运价的基础上加成 40%～60%；二级长大笨重货物在整批货物基本运价的基础上加成 60%～80%。

（2）危险货物运价：一级危险货物在整批（零担）货物基本运价的基础上加成 40%～60%；二级危险货物在整批（零担）货物基本运价的基础上加成 60%～80%。

（3）贵重、鲜活货物运价：贵重、鲜活货物在整批（零担）货物基本运价的基础上加成 40%～60%。

（4）特种车辆运价：按车辆的不同用途，在基本运价的基础上加成计算。特种车辆运价和特种货物运价两个价目不可同时加成使用。

（5）非等级公路货物运价：非等级公路货物运价在整批（零担）货物基本运价的基础上加成10%～20%。

（6）快速货物运价：快速货物运价按计价类别在相应运价的基础上加成计算。

（7）集装箱运价：标准集装箱重箱运价按照不同规格箱型的基本运价执行，标准集装箱空箱运价在标准集装箱重箱运价的基础上减成计算；非标准箱重箱运价按照不同规格的箱型，在标准集装箱基本运价的基础上加成计算，非标准集装箱空箱运价在非标准集装箱重箱运价的基础上减成计算；特种箱运价在箱型基本运价的基础上按装载不同特种货物的加成幅度加成计算。

第三步，全部运费核算

（1）整批货物运费计算：整批货物运费＝吨次费×计费重量＋整批货物运价×计费重量×计费里程＋货物运输其他费用。

（2）零担货物运费计算：零担货物运费＝计费重量×计费里程×零担货物运价＋货物运输其他费用。

（3）集装箱运费计算：重（空）集装箱运费＝重（空）箱运价×计费箱数×计费里程＋箱次费×计费箱数＋货物运输其他费用。

（4）计时包车运费计算：包车运费＝包车运价×包用车辆吨位×计费时间＋货物运输其他费用。运费以元为单位，运费尾数不足1元时，四舍五入。

（5）其他费用：除了运费外，公路货运的其他费用还有调车费、延滞费、装卸落空损失费、排障费、车辆处置费、装卸费、通行费、保管费等。

（6）公路货物运输运杂费结算：货物运杂费在货物起运时一次结清，也可以按合同采取预付费用、随运随结或运后结清等方式。如托运人或收货人不支付运费，以及其他运输费用，承运人对相应的运输货物享有留置权。另外，货物在运输途中因不可抗力灭失，未收取费用的，承运人不得要求托运人支付费用，已收取费用的，托运人可以要求返还。

第四步，完成任务要求相关内容

（一）运费核算

广州商贸集团的这批货物，应属于一般货物，故适用于零担公路运输方式。查询红星物流有限公司的零担货物运价表，可知：

货物到北京的每千米零担运价为：580元/千吨。

货物为（100箱×20千克/箱）/1 000＝2（吨）。

广州到北京的计费里程为2 200千米，且货物运输其他费用为零。

所以根据零担货物运费计算公式：

零担货物运费＝计费重量×计费里程×零担货物运价＋货物运输其他费用

可以计算如下：

2吨×580元/千吨×2 200千米/1 000＝2 552（元）

（二）填制托运单

托运单一般由承运人提供。不同的物流运输企业有各自不同的托运单格式。但一般都包括装卸地点和时间、货物名称与规格、货物大小、体积或重量、运输时间、运输费用、具体运输要求等项目。红星物流有限公司应提供公路汽车零担货物托运单。具体样单如表 1-2-1 所示。

表 1-2-1　红星物流有限公司公路汽车零担货物托运单

托运日期　　年　月　日

起托站　　　　　　　到达站
托运单位_____　　详细地址_____　　电话_____
收货单位_____　　详细地址_____　　电话_____

货物名称	包装	件数	实际重量	计费重量	托运人注意事项
					1. 托运单填写一式两份；
					2. 托运货物必须包装完好，捆扎牢固；
					3. 不得谎报货物名称，否则在运输过程中发生的一切损失均由托运人负责赔偿；
合计					4. 以上各栏不得夹带易燃危险等物品；
收货人记载事项			起运站记载事项		5. 以上各栏由托运人详细填写

进货仓位_____　　仓库理货验收员_____　　发运日期_____
到站交付日_____　　托运人（签章）_____

注：1. 填在一张货运单的货物必须属同一托运人。对拼装分卸货物，应将每一拼装或分卸情况在运单记事栏内注明。易腐蚀、易碎货物、易溢漏的液体等危险货物与普通货物以及性质相抵触、运输条件不同的货物，不得用同一张运单托运。托运人、承运人修改运单时，须签字盖章。
2. 本运单一式两联；第一联作受理存根，第二联作托运回执。
3. 审批有无特殊运输要求。例如，运输期限、押运人数，或承托双方议定的有关事项。

【做中学、学中做】技能强化训练

1. 2021 年 8 月 12 日，发货人雀友商贸公司业务员张开龙找到北贸快运物流有限公司托运一批货物，从长沙高桥大市场运往永州万家丽超市。货物为 500 箱雀巢咖啡（160 毫升，罐装），单件重量为 15 千克，货物价值 12 000 元，保价费率为 1%，采用保价运输，长沙到永州的距离为 500 千米。货物运输费率为 0.4 元/吨千米，双方约定于 2021 年 8 月 15 日装运并在 2021 年 8 月 16 日运达，所有货物现储存在长沙高桥大市场新储仓库。

要求：请根据以上资料填写表 1-2-2 的托运单证。（注：带星号部分为必填）

表 1-2-2　北贸快运物流有限公司货物运单

承运日期：　年　月　日　　运到期限：　　合同编号：

装货地点		
卸货地点		领取货物期限

续表

车牌号		运输证号				
*货物名称及规格	*件数	单件重量/千克	*计费重量/吨	*计费里程/千米	*运输费率	*运费金额/元
合计						
*保价费率		*保价费		*运杂费合计/元		

其他约定：

签订合同前请仔细阅读背面合同条款；本合同自签订之日起生效

托运人（签章）： 地址： 邮编： 电话： 传真： 签订时间： 签订地址：	承运人（签章）： 地址： 邮编： 电话： 传真： 签订时间： 签订地址：	收货人（签章）： 地址： 邮编： 电话： 传真： 签订时间： 签订地址：

2. 长沙红星批发市场王林托运一批日用百货，重4 538千克，承运人公布的一级普货费率为1.2元/（吨·千米），吨次费为16元/吨，该批货物运输距离为360千米，日用百货为普货二级，计价加成15%，途中通行收费145元，货主应付运费多少元？（整批吨以下计至100千克，零担起码计费重量为1千克，零担轻泡货物按每立方米折合333千克）

3. 长沙红星大市场高慧托运一批日用百货，重5 123千克，承运人公布的费率为1.2元/（吨·千米），吨次费为13元/吨，该批货物运输距离为330千米，途中通行收费165元，货主应支付多少运费？（一般货物：整批、零担货物计费重量均按毛重计算。整批货物吨以下计至100千克，尾数不足100千克的，四舍五入）

4. 某商人托运两箱毛绒玩具，每箱规格为1.0米×0.8米×0.8米，毛重210.3千克，该货物运货费率为0.002 5元/（千克·千米），运输距离120千米，货主要支付多少运费？（轻泡货物确定：按每立方米折合333千克计算重量。零担货物起码计费重量为1千克，重量在1千克以上，尾数不足1千克的，四舍五入）

任务清单 1-3　铁路运输组织

 素养提升

> 从业 21 年，200 余万行驶里程，零违章、零事故、零投诉，刘小川用爱岗敬业的职业操守、持之以恒的坚韧品格、甘于奉献的人生境界，诠释了"择一事，忠一生"的匠心。
>
> 2004 年，在刘小川的积极倡议下，银川鹏达汽车出租有限公司组建了第一支爱心送考车队，免费接送高考学生。2006 年，随着爱心送考车队从最初的 12 辆车发展到 1 800 多辆车，公司成立了以刘小川名字命名的"小川车队"，车队多次被授予"工人先锋号"荣誉称号。
>
> 在刘小川的带动下，"小川车队"加入了爱心慈善活动，扶危济困、奉献爱心、见义勇为、敬老助残……"小川车队"的身影活跃在银川的大街小巷。2019 年，宁夏回族自治区总工会授予刘小川"五一劳动奖章"。

一、任务情景

某托运人从南宁发往沈阳南一批蔬菜，重 20 吨，用一辆 B6 型车装运，始发加冰、途中不加冰。查运价率表，加冰冷藏车运价的基价 1 为 9.2 元/吨，基价 2 为 0.050 6 元/(吨·千米)，南宁至沈阳南运价里程为 2 962 千米，B6 型车计费重量 38 吨，采用快运（按快运办理的货物需加收快运费，快运费的费率为该批货物运价率的 30%）。

二、任务目标

通过本任务的技能训练，熟练掌握铁路整车货物运输的作业流程，并能熟练完成作业流程图的绘制和铁路运输的运费计算。

三、任务要求

（1）计算该批蔬菜的运费。需列出运算方法或运算公式，并写出运算步骤和运算结果。

（2）计算该批货物的运到期限，写出运算步骤和运算结果。

（3）了解铁路整车货物的发送办理程序和内容，绘制铁路整车货物运输的作业流程图。

四、任务实施

第一步，了解铁路运输的相关知识

（一）铁路运输发运方式

1. 整车运输

（1）一批货物根据其重量或体积需要单独使用一列或超过一列的货车装运，或者虽然不能装满一列车，但是由于货物的性质、形状或运送条件等，必须单独使用一列货车装运时，都应该以整车的方式运输。整车运输以每列车货物为一批货物。

（2）应按整车运输的情况有以下几种。

①需要冷藏或加温运输的货物；

②规定按整车运输的危险货物；

③易于污染其他货物的物品；

④蜜蜂；

⑤不易计算件数的货物；

⑥未装入容器的活动物（铁路局规定按零担运输的除外）；

⑦一件货物重量超过 2 吨、体积超过 3 立方米或长度超过 9 米的货物（经始发站确认不致影响中转站和到站卸车作业的除外）。

2. 零担运输

（1）如果货物根据其性质、形状、运送条件不需要单独使用一列货车运输，可以与其他几批货物拼装一列货车运送时，需按零担的方式运输。零担运输以每张运单为一批货物。

（2）零担运输的条件如下。

①单件货物的体积最小不得小于 0.02 立方米（单件货物的重量在 10 千克以上的除外）；

②每批货物的件数不得少于 30 件。

3. 集装箱运输

（1）在铁路运输中，符合集装箱运输条件的货物可采用集装箱的方式运输。

（2）集装箱货物运输的基本条件有以下几方面。

①每批货物的集装箱必须是同一箱型，使用不同箱型的货物不得按一批托运；

②每批货物至少一箱，最多不得超过铁路一列货车所能装运的箱数；

③货物重量由托运人确定；

④铁路按箱承运，不查点箱内货物。

（3）不能办理集装箱托运的货物有以下几种。

①易损坏、污染箱体的货物；

②鲜活货物；

③危险货物。

(二) 铁路运输车辆

1. 通用货车

(1) 敞车：具有端壁、侧壁而无车顶的货车，基本型号为 C，主要供运送煤炭、矿石、矿建物资、木材、钢材等大宗货物使用，也可用来运送重量不大的机械设备。

(2) 棚车：有侧壁、端壁、地板和车顶，在侧壁上有门和窗的货车，基本型号为 P，用于运送怕日晒、雨淋、雪浸的货物，包括各种粮谷、日用工业品以及贵重仪器设备等。

(3) 平车：只有地板而没有侧壁、端壁和车顶的货车，基本型号为 N，用于装运原木、钢材、建筑材料等长型货物和集装箱、机械设备等。

(4) 罐车：车体呈罐形的车辆，基本型号为 G，用来装运各种液体、液化气体和粉末状货物等。

(5) 保温车：也称冷藏车，车体装有隔热材料，车内设有冷却、加温等装置，具有制冷、保温和加温 3 种性能，基本型号为 B，主要装运鱼、肉、鲜果和蔬菜等易腐货物。

2. 专用货车

(1) 专用平车：包括运送集装箱与小汽车的平车，基本型号为 X、SQ。

(2) 漏斗车：漏斗车是由棚车派生出来的一种专用货车，用于装运散装粮谷、化肥、水泥、化工原料等怕湿散粒货物。车体下部设有漏斗，侧壁垂直，没有门窗，端壁下部向内倾斜，车顶有装货口，货口上有可以锁闭的盖子，漏斗底门可以用人力或机械开闭。打开底门，货物靠自身重力自动卸出。

(3) 家畜车：用于装运家畜或家禽的车辆，结构与普通棚车类似，但侧壁、端壁由固定和活动栅格组成，可以调节开口改变通风。车内分 2~3 层，并设有押运人员休息和放置用具、饲料的小间，以及相互连通的水箱。

第二步，确定货物运到期限

铁路货物运输，应在规定的运到期限内运到站。货物运到期限从承运人承运货物的次日起，按以下规定进行计算。

(1) 货物发送期限（$T_发$）：为 1 日。

(2) 货物运输期限（$T_运$）：每 250 运价千米或其未满为 1 日；按快运办理的整车货物每 500 运价千米或其未满为 1 日。

(3) 特殊作业时间（$T_特$）：

①需要中途加冰的货物，加冰一次，另加 1 日。

②运价里程超过 250 千米的零担货物和 1 吨、5 吨型集装箱货物，另加 2 日；运价里程超过 1 000 千米的加 3 日。

③一件货物重量超过 2 吨、体积超过 3 立方米或长度超过 9 米的零担货物及危险货物，另加 2 日。

④标准轨与米轨间直通运输的整车货物，另加 1 日。

货物实际运到日数的计算：起算时间从承运人承运货物的次日（指定装车日期的，为指定装车日期的次日）起算。终止时间的计算分为两种：到站由承运人组织卸车的货物，以到卸车结束时止；由收货人组织卸车的货物，以到卸车地点或货物交接地点时止。货物运到期限的起码天数为 3 天。

若运到期限用 T 表示，则 $T = T_发 + T_运 + T_特$

根据任务情景知：

$T_发 = 1$ 天

$T_运 = 2\ 962/500 = 6$（天）

$T_特 = 0$

所以本次任务中 $T = 1 + 6 = 7$（天）。

第三步，明确铁路整车货运作业流程

（一）铁路整车货运作业

铁路整车货运作业流程如图 1-3-1 所示。

图 1-3-1　铁路整车货运作业流程

1. 发送作业

货物在发送站所进行的各项货运作业，统称货物的发送作业。

（1）托运。

托运人向承运人提出货物运输要求，并向承运人交付货物的过程称为货物的托运。

托运时托运人应向车站按批提出货物运单一份。使用机械冷藏车运输的货物，同一到站、同一收货人可以数批合提一份运单。整车分卸货物时，除提出一份基本货物运单外，每一个分卸站应另增加两份分卸货物运单（分卸站、收货人各执一份），作为分卸站卸车作业和交付货物的凭证。

（2）受理。

车站对托运人提出的货物运单，经审查符合运输要求的，在货物运单上签订货物搬入或装车日期后，即为受理。

（3）进货、验收与保管。

进货：托运人凭车站签证后的货物运单，按指定日期将货物搬入货场指定位置即为进货。

验收：货场工作人员和线路货运员对搬入货场的货物进行有关事项的检查核对，确认符合运输要求，并同意货物进入货场或仓库指定货位的过程称为验收。

保管：托运人将货物搬入车站，验收完毕后，一般不能立即装车，需在货场内存放，这一过程称为保管。整车货物可根据协议进行保管。

(4)确定托运货物的件数和重量。

整车货物原则上按件数和重量承运,但有些非成件货物或一批货物件数过多而且规格不同,在货运作业中,点件费时费力,应按重量承运,不计件数。

整车货物的重量由托运人确定,承运人应进行抽查,抽查后承运人确定的重量超过托运人给出的重量(扣除国家规定的衡器公差)时,应向托运人或收货人核收过秤费。

(5)装车作业。

监装货运员在装车前一定要认真做好"三检"工作:检查货物运单、检查待装货物、检查货车。

货物的装车,应做到安全、迅速,遵守装载加固技术条件,这是对装车作业的基本要求。

(6)货车施封和篷布苫盖。

货车施封:使用棚车、冷藏车、罐车装运的货物都应施封,但派有押运人的货物、需要通风运输的货物和组织装车单位认为无须施封的货物可以不施封。原则上由组织装车单位在车上施封。

篷布苫盖:使用平车、敞车装运易燃、怕湿货物时或堆码(装载堆码要成屋脊形)货物时要使用篷布,使用篷布时要苫盖严密、捆绑牢固。

(7)填写运输票据。

货车施封后,货运员应将车种、车号、货车标重、使用篷布张数、施封个数记入货物运单内。

(8)承运。

整车货物装车完毕并核收运费后,发送站在货物运单上加盖车站承运日期戳时起,即为承运。

2. 途中作业

货物的途中作业包括货运交接检查、特殊作业及异常情况的处理。

(1)货运交接检查是途中必须进行的正常作业。

(2)特殊作业包括整车分卸货物在分卸站分卸作业,如加冰冷藏车加冰加盐作业、活动物途中上水、托运人或收货人提出的货物运输变更的处理等。

(3)异常情况的处理是指货车运行中出现有碍运输安全或货物完整情况时须做出的处理,如货车装载偏重、超载或货物装载移位时须进行的换装或整理,以及对运输阻碍的处理。

3. 到达作业

(1)重车到达与票据交接。

列车到达后,到达车站应派人接收重车。交接重车时,应仔细核对票据与现车,对现车的装载状态进行检查,并办理重车及货运票据的交接签证。

(2)卸车作业。

①卸车前检查。

检查货位：主要检查货位能否容纳待卸的货物，货位的清洁状态，相邻货位上的货物与卸下的货物性质有无抵触。

检查运输票据：主要检查票据记载的到达站与货物实际到达站是否相符，了解待卸货物的情况。

检查现车：主要检查车辆状态是否良好，货物装载有无异状，施封是否良好，现车与运输票据是否相符。

②监卸工作。

卸车作业开始之前，监装卸货员应向卸车工作组详细传达卸车要求和注意事项。卸车时，监装卸货员应亲自对施封的货车拆封，并会同装卸工一起开启车门或取下篷布，要逐批核对货物、清点件数，应合理使用货位，按标准进行码放，对于事故货物则应编制货运记录。此外，应注意作业安全，加快卸车进度，加速货车周转。

③卸车后检查。

卸车后应检查运输票据、货物和卸后空车。

④清扫、洗刷和除污。

货车卸空后，负责卸车的单位应将货车清扫干净，关闭好车门、车窗、端侧板、盖、阀等。

特殊情况的货车卸空后除清扫干净外，还要洗刷、除垢，并向收货人核收费用。

（3）货物到达通知。

货物到达后，承运人应及时向收货人发出催领通知。由铁路组织卸车的货物，发出催领通知的时间应不迟于卸车结束的次日。

免费保管期间规定：由承运人组织卸车的货物应于承运人发出催领通知的次日起计算；不能实行催领通知或会同收货人卸车时，一般从卸车次日起计算；若2日内将货物搬出，则不收取保管费。

（4）交付工作。

①票据交付。

收货人要求领取货物时，须向铁路提供领货凭证或有效证明文件，经与货运单票据核对后，由收货人在货票上盖章或签字，付清一切费用，在运单和货票上加盖交付日期戳。

②现货交付。

交付货运员凭收货人提出的货物运单向收货人交付货物，然后在货物运单上加盖"货物交讫"戳记，并记明交付完毕的时间，将运单交还收货人，凭此运单将货物搬出货场。

（5）货物搬出。

收货人持有加盖"货物交讫"的运单将货物搬出货场，对搬出的货物工作人员应认真检查品名、件数、交付日期与运单记载是否相符，经确认无误后放行。

（二）铁路零担货运作业流程

铁路零担货运的作业流程主要分为发送作业和到达作业两个环节。

1. 发送作业

货物在发送站进行的各项货运作业，统称为货物的发送作业。发送作业是铁路货物运输作业的开始阶段。货物的发送作业一般包括货物的托运、受理、进货与验货、核算制票及承运、装车作业等，如图 1-3-2 所示。

图 1-3-2 铁路零担货运的发送作业流程

（1）托运。

托运人在托运货物时，应按车站公布的规定日期办理货物的托运手续，且每份货物运单按批提供。

因按一批托运的零担货物品名过多而不能在运单内逐一填记时，或者按零担托运的搬家货物和按零担托运的货物在统一包装内有两种以上货物时，应出具物品清单，一式三份，一份由发送站存查，一份随同运输票据递交到达站，一份退还托运人。

（2）受理。

车站在受理托运人提出的货物运单时，应检查运单填记是否符合《货物运单和货票填记管理办法》的规定，除检查货物运单和领货凭证的相同栏填记是否一致外，还应重点审核下列内容：

①货物到达站是否为零担货物办理站；

②托运单货物重量是否符合到达站的起重能力；

③品名是否具体，是否符合零担货物按一批办理的条件，有无政令限制，附有装载清单的要检查物品清单是否具体详细；

④对需附凭证运输的货物，检查证明文件是否有效，是否在货物运单的托运人记载事项栏内注明。

（3）进货与验货。

托运人应按承运人指定的进货日期，凭车站签证后的货物运单将货物送入货场指定位置。验货主要包括以下内容。

①复查货物运单：货运员应认真检查货物运单有无车站受理章、指定进站日期和库区等有关戳记，将货物运单的记载内容与进站计划核对。

②检查货物：应按照货物运单记载的货物品名、件数与现货进行核对，并按规定开包检查；对附有物品清单的，应按物品清单记载的货物编号、名称与现货核对。

③确定货物重量：铁路按件数和重量承运零担货物；零担货物的重量原则上由承运人确定，并核收过秤费；但对有标准重量、标记重量和过秤清单的货物，以及一件重量超过车站衡器最大称量的货物，则由托运人确定重量；承运人确定重量时，如托运人在运单内分项填

记品名和重量的,应分项检查。货物重量确定后,应填记在运单承运人确定重量栏内。

(4) 核算制票及承运。

进货验收后,货运员应将货运单等相关费用的票据交给核算员,核算员按规定制票,核收运输费用后,在货物运单、领货凭证上加盖车站承运日期戳,并将领货凭证交托运人。零担货物运输与整车货物运输的区别在于装车前是否加盖承运日期戳。

(5) 装车作业。

装车作业是铁路运输工作的一个重要环节。装车质量直接影响货物安全、货物运送速度、车辆周转时间及列车运行安全。零担货物的装车作业由承运人负责组织。

2. 到达作业

到达作业一般包括接收票据与重车、卸车作业、卸车后作业、货物的保管与到货通知、交付作业等环节,如图1-3-3所示。

图1-3-3 铁路零担货运的到达作业流程

(1) 接收票据与重车。

列车到达后,车站应派人接收票据与重车。接车前,工作人员应认真检查到达票据和装载清单记载的项目,制订卸车计划并安排卸车货位;报告货物情况,接收送车通知;检查货物与线路间的安全距离。接车时,及时联系调车组对准库门和货位以便卸车。

(2) 卸车作业。

卸车前,要认真检查票据记载是否与现货相符,检查车体的门窗、施封状态是否有效;发现问题,应及时与有关人员联系,必要时应编写记录。

卸车时,监装卸货员应全程监卸,认真组织装卸工组卸车,逐批检查清点核对,并在相关票据上注明货物存放的货位号。卸车过程中,如发现票货不符、货物包装破损等,应按规定处理。卸车完毕后,及时向货调部报告卸车结束的时间。

(3) 卸车后作业。

卸车完成后,货运员应认真检查车内货物是否全部卸车完毕;认真核对货区卸下的货物与票据;核对无误后,整理到达票据,并填记相关票据后,向有关人员办理交接。

(4) 货物的保管与到货通知。

零担货物卸车后,车站应在不迟于卸车结束的次日,向收货人发出催领通知。收货人在收到催领通知后,应及时到车站领取货物。

对承运后的零担货物及收货人未领取的到达货物,车站免费保管2天,超过期限核收货物暂存费。

(5)交付作业。

收货人在办理领取手续时,车站应认真审查领货凭证及相关证明文件。确认收货人无误后,清算运输费用,在货物运单上加盖戳记并交给收货人。收货人持运单到货区领取货物,货区管理员将货物点交给收货人后,在货物运单上加盖交讫戳记。收货人凭加盖交讫戳记的运单将货物搬出货场。

第四步,计算铁路整车运输运费

(一)铁路运费计算公式

下面介绍几个计算铁路运费的常用公式。

1. 整车货物(按重量计费)运费计算公式

$$运费 = (发到基价 + 运行基价 \times 运行里程) \times 计费重量$$

2. 零担货物运费计算公式

$$运费 = (发到基价 + 运行基价 \times 运行里程) \times 计费重量 \div 10$$

3. 集装箱货物运费计算公式

$$运费 = (发到基价 + 运行基价 \times 运行里程) \times 箱数$$

(二)计算步骤

任务情景中的运费计算步骤如下:

$$运费 = (基价1 + 基价2 \times 运价里程) \times 计费重量$$
$$= (9.2 + 0.050\ 6 \times 2\ 962) \times 38 = 6\ 044.93(元)$$

快运费 $= 6\ 044.93 \times 30\% = 1\ 813.48$(元)

总运费 $= 6\ 044.93 + 1\ 813.48 = 7\ 858.41 \approx 7\ 858.00$(元)

【做中学、学中做】技能强化训练

某托运人从安阳托运一台机器,重26吨,使用一辆60吨货车装运至徐州北,安阳至徐州北的运价里程为556千米,机器运价号为6号运价,查询运价率表,6号运价的基价1为14.6元/吨,基价2为0.070 4元/(吨·千米)。

1. 请计算其运费。列出运算方法或运算公式,写出运算步骤和运算结果。
2. 请计算该批货物的运到期限,写出运算步骤和运算结果。
3. 绘制货物的发送作业程序流程图。

任务清单 1-4　水路运输组织

素养提升

> 江苏张家港，这座常住人口 120 万人的全国文明城市里遍布了 1 300 余家汽车维修企业，每日有 40 多万辆机动车来来往往。蓝天湛湛、车行顺畅的背后，少不了"港城车大夫"的坚守与付出。
>
> 钱进从事机动车维修行业 30 年，不断探索创新汽修行业治理现代化途径。他着力推动建设的"港城车大夫"公益服务品牌，为市民提供 24 小时免费汽车维修咨询服务。
>
> "港城车大夫"成立之初，资金、场地、人员有限，只能把场地设立在车库中，每个月仅 3 天能提供服务。钱进积极向市政府、上级交通运输管理部门反映问题、寻求资金帮助，并与当地媒体合作，扩大品牌在车主间的知名度。
>
> 在钱进的带领下，如今"港城车大夫"的服务日从每月 3 天变为每周 3 天，每年开展进机关、进乡镇、进企业、进社区、进学校等"五进义诊"活动，37 名"车大夫"每人年均志愿服务时长 120 小时以上，提供公益服务 1 万余人次，带动了汽修行业诚信经营、规范服务。
>
> 为推进节能减排，钱进带领张家港机动车维修管理处探索制定了"I/M 制度管理运行手册"，自主研发了"机动车尾气治理智慧诊断云平台"，累计治理尾气超标车辆 1 万余辆，治理达标率 99%，汽车尾气污染物累计减排 4 000 余吨，节约燃油 1 600 吨。
>
> 初心不忘，做行业的服务者，把工作做得精细、再精细。全心全意服务群众，带动汽修行业走上诚信经营、规范服务之路。

一、任务情景

广州 HF 贸易公司和美国客户达成清洁球出口贸易，本批出口商品采用集装箱班轮运输，具体贸易细节如下。

（1）出口外贸公司。

GUANGZHOU HF TRADING CO., LTD.

Room ×××, No. ×××, Dongfeng Road, Guangzhou, China

Teb：020-×××××××　　Fax：020-×××××××

（2）国外客户。

AL QADAH TRADING COMPANY L.L.C

202 W. 1st St. LOS ANGELES, CA 90012

Phone：(877) 554-4000　Fax：(213) 237-3535

(3) 交易商品。

Product：Cleaning Ball，如表1-4-1所示。

Partial Shipment（分批装运）：allowed。

Transshipment（转运）：allowed。

表1-4-1　交易商品明细

唛头 Marks & Nos.	品名 Descriptions	件数 No. of Packages	体积 Measurement（CBM）	毛重 Gross Weight （KGS）	净重 Net Weight （KGS）	总价 Total Price （USD）
AL DAH	Cleaning Ball	3 500	53厘米×21厘米×15厘米 0.016 7立方米/箱	15千克/箱	14千克/箱	1 000

(4) Time of Shipment（最后装船期）：2021年5月22日。

(5) Service Type（交货条款）：CY/CY。

(6) Freight（运费）：Prepaid（预付）。

(7) Port of Loading（装货港）：SHENZHEN。

(8) Port of Discharge（卸货港）：LOS ANGELES。

(9) 深圳到洛杉矶的海运费收费标准。

基本运费的收费标准为：USD1 450/20GP，USD1 800/40GP，USD1 800/40HQ。

附加费收费标准如表1-4-2所示。

表1-4-2　附加费收费标准

附加费名称	币种及收费标准	备注
THC（Terminal Handling Charge，码头操作费）	USD100/20GP USD150/40GP USD150/40HQ	
ORC（Origin Receipt Charge，装货港接货费）	USD190/20GP USD310/40GP USD310/40HQ	是广东、广西、云南出口的港口附加费，不再另外收取THC
BAF（Bunker Adjustment Factor，燃油附加费）	USD394/20GP USD788/40GP USD788/40HQ	
AMS（America Manifest System，美国舱单系统）	USD25/票	南美、美加航线收取
DHF（Document Handling Fee，文件费）	USD50/票	
SLF（Seal Fee，封条费或者铅封费）	USD50/20GP USD30/40GP USD30/40HQ	

续表

附加费名称	币种及收费标准	备注
PSS（Peak Season Surcharges，旺季附加费）	USD30/20GP USD30/40GP USD30/40HQ	日本、韩国航线加收

二、任务目标

通过本任务的技能训练，熟练掌握水路货物运输的作业流程，并能熟练完成作业流程图的绘制和水路运输的运费计算。

三、任务要求

（1）根据以上提供资料，完成表1-4-3出口委托书的填写（注：带星号部分必填）。

表1-4-3　出口委托书

*发货人 （Shipper）：	船名/航次：		港区：
	*装货港：		开船：
	*可否分批：		*可否转运：
	*卸货港：		
	目的地：		
*收货人 （Consignee）：	*海运运费预付/到付：		
	*装期：		价格条件：
	有效期：		结汇方式：
通知人 （Notify Party）：	国内运输方式		门到门（　）自送（　）其他（　）
	货物存放地点：		
	集装箱出运数：		用箱要求：
*标记/唛头 （Mark&Numbers）	*中英文货名（规格及货号） （Description of Goods）	*件数 包装式样	*毛重 （KGS）	*净重 （KGS）	*体积 （CBM）
随付单证	发票	装箱单	报关单	退税联	危品三证	商检证	提货单	核销单	许可证	登记手册	委托事项	正本提单	副本提单	核销单	许可证	登记手册	退税单	提单快递	装船通知	危险品请注明

续表

贸易性质 （√）	来料（ ） 补偿（ ） 进料（ ） 一般（ ） 来样（ ） 其他（ ）	联系人： 地址：	邮政编码：
*交货条款（√）	CY/CY（ ） CFS/CY（ ） CFS/CFS（ ） 其他（ ）	传真：	电话：
委托方开户银行、账号			委托方签章：
委托方记事栏			

（2）计算运费。

请计算该批货物的总运费。列出运算方法或运算公式，写出运算步骤和运算结果。

（3）请根据以上资料，完成表1-4-4的提单填写（注：带星号部分必填）。

表1-4-4 提单

*1. Shipper Insert Name, Address and Phone		B/L No. ××××××		
		Carrier： COSCO CONTAINER LINES		
*2. Consignee Insert Name, Address and Phone				
		Port-to-Port or Combined Transport BILL OF LADING		
3. Notify Party Insert Name, Address and Phone				
4. Combined Transport Pre-carriage by	5. Combined Transport Place of Receipt			
*6. Ocean Vessel Voy. No.	*7. Port of Loading			
*8. Port of Discharge	9. Combined Transport Place of Delivery			
*Marks & Nos.	*No. of Packages	*Description of Goods	*Gross Weight (KGS)	*Measurement (CBM)
*10. Total Number of Containers and/or Packages (in Words).				
11. Freight & Charges	Revenue Tons	Rate	Per	Prepaid	Collect

续表

Ex. Rate：	Prepaid at	Payable at	Place and Date of Issue
	Total Prepaid	No. of Original B（s）/L	Signed for the Carrier

四、任务实施

第一步，了解水路运输相关知识

（一）水路运输的概念

水路运输简称水运，是指利用船舶、排筏和其他浮运工具，在江、河、湖泊、人工水道及海洋上，完成旅客和货物运送的一种运输方式。

水路运输以船舶作为主要运输工具，以港口或港站作为运输基地，以水域（包括海洋、河流和湖泊）作为运输活动范围。水路运输是一种重要的运输方式。

（二）水路运输基本流程

水路运输的基本流程包括确定航线、托运、交接货物、办理保险、报关与通关等内容。

1. 确定航线

（1）航线的定义。

航线有广义和狭义之分。广义的航线是指船舶航行起讫点的线路。狭义的航线是指船舶航行在海洋中的具体航迹线，也包括在海图上的计划航线。设计航线时需考虑的因素有：

①有无保证船舶正常运营所需的充足且稳定的货源，并根据货源情况考虑基本舱位；

②地理环境、气候条件、航道的水深及沿途港口状况是否适合船舶安全航行；

③航线上各船舶公司的参与及竞争能力情况，国家的外交、经济贸易政策及航线所在地区政局的稳定情况。

（2）确定航线的步骤。

①确定航线结构；

②选择挂靠港口；

③航线配船。

2. 托运

货物的托运阶段主要包括托运人或其代理人办理托运手续，以及承运人检验并承运。托运人的主要工作包括填写水路运输运单、提交托运的货物和支付费用。

（1）填写水路运输运单（运输合同）。

在水路运输过程中，如果需要进行长期货运或大量货运，则承托双方应以签订水路运输合同的形式确立承运关系；班轮运输则采用水路货运单的形式确立承运关系。

（2）提交托运的货物。

①按双方约定的时间、地点，将托运货物运抵指定港口暂存或直接装船；

②需包装的货物应根据货物的性质、运输距离及中转等条件做好货物的包装；

③在货物外包装上粘贴或拴挂货运标志、指示标志和危险货物标志；

④散装货物按重量或船舶水尺计量数交接，其他货物按件数交接；

⑤散装液体货物由托运人装船前验舱认可，装船完毕后由托运人同承运人对每处油舱和管道阀进行施封；

⑥运输活牲畜时，应用绳索拴好牲畜，备好途中饲料，派人随船押运照料；

⑦使用冷藏船运输易腐、保鲜货物时，应在运单内载明冷藏温度；

⑧运输木（竹）排等货物时应按约定编排，将木（竹）排的实际规格、托运的船舶或其他水上浮物的吨位，吃水，长，宽，高，以及抗风能力等技术资料在运单内载明；

⑨托运危险货物时，托运人应当按照危险货物运输的有关规定办理，并将其正式名称和危险性质，以及必要时应当采取的预防措施以书面形式通知承运人。

(3) 支付费用。

托运人按照约定向承运人支付运费。如果约定到达装运港口后在船上交货，则运费由收货人支付，并应当在运输单证中载明，承运人在交付货物时向收货人收取。如果收货人约定指定目的地交货，则托运人应缴纳货物运输保险费、装运港口作业费等项费用。

3. 交接货物

承运人和港口经营人应按《水路货物运输规则》中的有关规定，审查货物运单和港口作业委托单填制的各项内容。

需要通过港口库场装船的货物，由港口经营人与作业委托人商定货物集中的时间和地点，并按港口作业委托单载明的内容负责验收。

通过船边直接装船或托运人自理装船的货物，由承运人或其代理人按货物运单载明的内容负责验收。

4. 办理保险

货主订妥舱位后，在货物集港之前，应向保险公司办理货物海洋运输保险事宜。

5. 报关与通关

在国际货物运输时，承运进出口货物的运输工具负责人或代理人应按规定向海关申报，并在交验的进出口载货清单（舱单）、装载清单（交接单）或运单上列明所载货物的资料，以办理报关手续。

第二步，填写货运单据

水路货运单证，有些是受国际公约和各国国内法约束的，有些是按港口的规定和航运习惯编制的。尽管这些单证种类繁多，但主要单证基本是一致的。这些单证不仅是联系工作的凭证、划分风险责任的依据，而且是买卖双方及货承双方办理货物交接的证明。国际贸易运输工作离不开单证，并且在国际航运中通用。目前，国际航运及我国航行于国际航线上的船舶所使用的班轮运输货运单证主要有以下几种。

(一) 装船单证

1. 托运单 (Booking Note, B/N)

托运单（实际工作中有时用委托申请书代替）是托运人（Shipper）根据贸易合同或信用证条款内容填写的向船舶公司或其代理人办理货物托运的单证（一式两份）。船舶公司根据托运单内容，结合航线、船期和舱位等条件，选择可以接受的内容后，在托运单上签章，留存一份，退回托运人一份。

托运单的主要内容包括货名、件数、包装、标志、重量、尺码、装货港、目的港、装船期限、结汇期限、能否分批或转船等，如属危险品，还须填写危险性质和危规号。

托运单虽未明确有关双方权利义务和责任豁免的具体条款，但它意味着双方同意以该公司签发的提单条款为依据。

2. 装货联单

装货联单是船舶公司或其代理人在接受托运人提出托运申请后，发给托运人或货运代理人填制并交船舶公司审核、签章的单证，签章后作为船长将单上货物装船的依据。货运代理人填写装货联单的依据是托运人提供的买卖合同或信用证的内容及货运委托书或货物明细表等。

目前我国各个港口使用的装货联单的组成不尽相同，按照国际航运惯例，装货联单一般是一式三联。

第一联：承运人留底，船方凭以缮制装货清单（Loading List）和画积载图、计算运费。

第二联：装货单正本，既是货主向海关办理货物出口申报手续的凭据（"关单"），也是装船依据（"下货纸"）。

第三联：收货单，又称大副收据。

3. 提单（Bill of Loading，B/L）

提单是船舶公司凭收货单签发给托运人的正式单据。它是承运人收到货物并已装船的凭证，是运输合同的证明和物权凭证，也是承运人在目的港凭以交付货物的证据。

4. 装货清单（Loading List，L/L）

装货清单是根据装货联单中的托运单留底联，将全部待运货物按照目的港和货物性质归类，依航次靠港顺序排列编制的装货单的汇总单。装货清单的内容包括船名、装货单编号、件数、包装、货名、毛重、估计立方米及特种货物对运输的要求或注意事项的说明等。

装货清单是大副编制积载计划的主要依据，也是供现场理货人员理货，港口安排驳运、进出库场等业务的依据。当有增加或取消货载的情况发生时，船方应及时编制加载清单或取消货载清单，并及时分送给各有关方。

5. 载货清单（Manifest，M/F）

载货清单，也称"舱单"，是在货物装船完毕后，根据大副收据或提单编制的一份按卸货港顺序，逐票列明全船实际载运货物的汇总清单。其内容包括船名及国籍、开航日期、装货港及卸货港，同时应逐票列明所载货物的详细情况。

6. 运费清单（Freight Manifest，F/M）

运费清单，又称运费舱单或随船舱单，它是船舶装载的出口货物的有关资料及其运费的汇总清单，也是船方的随船单证之一。

（二）卸船单证

1. 提货单（Delivery Order，D/O）

提货单，又称小提单，是船舶公司或其代理凭收货人持有的提单或保证书签发的提货凭证，收货人可凭此单证到仓库或船边提取货物。提货单的内容与提单所列项目基本相同。

2. 货物过驳清单（Boat Note）

货物过驳清单是驳船卸货时证明货物交接的单据，它是根据卸货时的理货单编制的，其内容包括驳船名、货名、标识号码、包装、件数、舱单号、卸货日期等。由收货人、装卸公司、驳船经营人等收取货物的一方与船方共同签字确认。

3. 货物溢短单（Over-landed & Short-landed Cargo List）

货物溢短单是指一批货物在卸货时，所卸货物与提单记载数字不符，发生溢卸或短缺的证明单据。该单由理货人员编制，经船方和有关方（收货人、仓库）共同签字确认。

4. 货物残损单（Broken & Damaged Cargo List）

货物残损单是指卸货时，理货人员根据卸货过程中发现的货物破损、水渍、渗漏、霉烂、生锈、弯曲等情况，记录并编制的表明货物残损情况的单据。货物残损单须经船方签认，它与货物溢短单一样都是收货人向船方提出索赔的原始资料和依据。

5. 货物品质检验证书（Quality Inspection Certificate）

货物品质检验证书是指卸货时，收货人申请商品检验机构对货物进行检验后，由商品检验机构出具的证明。如果货物品质与贸易合同规定不符，则此单是向卖方提出索赔的重要依据之一。

（三）其他单据

1. 装箱单（Packing List）与重量单（Weight Memo）

这两种单据是对发票的补充，供进口地海关检验检疫和进口商核对货物使用，须按合同或信用证规定出具，其包装、货号、规格、毛重、净重、体积等内容应与发票、提单的内容一致。

2. 原产地证书（Certificate of Origin）

该单据是证明货物原产地或制造地的单据，应进口商要求而提供。中国目前使用的有普惠制产地证、贸促会产地证、检验检疫机构产地证和自由贸易协定产地证等。具体采用哪一种，应根据贸易合同或信用证要求而定。

根据以上提供的资料，完成表1-4-5出口委托书的填写（注：带星号部分必填）。

表1-4-5　出口委托书

*发货人（Shipper）： GUANGZHOU HF TRADING CO., LTD. Room ×××, No. ×××, Dongfeng Road, Guangzhou, China Tel：020-×××××××× Fax：020-×××××××	船名/航次：	港区：
	*装货港：SHENZHEN	开船：
	*可否分批：Allowed	*可否转运：Allowed
	*卸货港：LOS ANGELES	
	目的地：	

续表

*收货人（Consignee）： AL QADAH TRADING COMPANY L.L.C 202 W. 1st St. LOS ANGELES, CA90012 Phone：（877）554-4000 Fax：（213）237-3535			*海运运费预付/到付：Prepaid		
			*装期：2021年5月22日	价格条件：	
			有效期：	结汇方式：	
Notify Party（通知人）：			国内运输方式	门到门（ ）自送（ ）其他（ ）	
			货物存放地点：		
			集装箱出运数：	用箱要求：	
标记/唛头 （Mark&Numbers）	*中英文货名（规格及货号） （Description of Goods）	*件数 包装式样	*毛重/ （KGS）	*净重/ （KGS）	*体积/ （CBM）
AL DAH	清洁球（Cleaning Ball） 53厘米×21厘米×15厘米	3 500 Cartons	42 000	38 500	58.43
随付单证	发票	装箱单	报关单	退税联	危品三证	商检单	提货单	核销单	许可证	登记手册	委托事项	正本提单	副本提单	核销单	许可证	登记手册	退单快递	提单快递	装船通知	危险品请注明
贸易性质 （√）		来料（ ） 补偿（ ） 进料（ ） 一般（ ） 来样（ ） 其他（ ）	联系人：		
			地址：	邮政编码：	
*交货条款（√）		CY/CY（√） CFS/CY（ ） CFS/CFS（ ） 其他（ ）	传真：	电话：	
委托方开户银行、账号			委托方签章：		
委托方记事栏					

第三步，计算水路运输运费

（一）杂货班轮运费计算方法

1. 运费组成

班轮公司运输货物所收取的运费，是按照班轮运价表的规定计收的。班轮运价表一般包括说明及有关规定、货物分级表、航线费率表、附加费表、冷藏货及活牲畜费率表等。目前，我国海洋班轮运输公司使用的是等级运价表，即将承运的货物分成若干等级，每个等级的货物有一个基本费率，称为等级费率。

集装箱运输的
"隐藏损害"

班轮运费包括基本费率和附加费两部分。

（1）基本费率（Basic Rate），是指每一计费单位（如运费吨）货物收取的基本运费，是整个运费的主要构成部分，根据基本运价和运费吨计算得出。基本运价按航线上基本港之间的运价给出，是计算班轮运费的基础。基本费率有等级费率、货种费率、从价费率、特殊费率和均一费率之分。

（2）附加费（Surcharges）：是指对一些需要特殊处理的货物、因突然事件的发生或客观情况的变化等而需另外加收的费用。

2. 运费计算标准

在班轮运价表中，班轮运费的计算标准通常采用下列几种。

（1）按货物毛重（重量吨）计收，运价表中用"W"表示。按此方法计算的基本运费等于计重货物的运费吨乘以运费率。

（2）按货物的体积（尺码吨）计收，运价表中用"M"表示。按此方法计算的基本运费等于容积货物的运费吨乘以运费率。

知识链接

上述计费的重量吨和尺码吨统称为运费吨，又称计费吨。按照国际惯例，容积货物是指每吨的体积大于1.132 8立方米的货物；而我国的远洋运输运价表中则将每吨的体积大于1立方米的货物定为容积货物。

（3）按毛重或体积计收。由船公司选择其中收费较高的作为计费吨，运价表中以"W/M"表示。

（4）从价运费，运价表中用"A·V"表示。从价运费一般按货物的离岸价格的一定百分比收取。按此方法计算的基本运费等于货物的离岸价格（FOB）乘以从价费率，从价费率一般为1%～5%。

（5）在货物重量、尺码或从价运费三者中选择最高的一种计收，运价表中用"W/M or ad val"表示。

（6）按货物重量或尺码最高者，再加从价运费计收，运价表中以"W/M plus ad val"表示。

（7）将每件货物作为一个计费单位收费。例如，活牲畜按"每头"收费，车辆按"每辆"收费。

（8）临时议定价格，即由货主和船舶公司临时协商议定价格。此类货物通常是低价的货物或特大型的机器等。在运价表中此类货物以"Open"表示。

3. 附加费的计算标准

附加费的计算一般有两个标准：一种是以基本运费率的百分比表示，在基本运费的基础上，加收一定百分比的费用；另一种是用绝对数字表示，按每运费吨加收一个绝对值来计算。在班轮运输中，常见的附加费有下列几种。

（1）超重附加费（Heavy Lift Additional）：货物单件重量超过一定限度而加收的费用。

（2）超长附加费（Long Length Additional）：单件货物长度超过规定长度而加收的费用。

各班轮对超重或超长货物的规定不一。中国远洋运输（集团）总公司规定每件货物达到5吨或9米以上时，加收超重或超长附加费。一般情况下，超重货按重量吨计收，超长货按运费吨计收。无论是超重、超长还是超大件，托运时都须注明。如船舶需转船，则每转船一次就加收一次附加费。

（3）选卸附加费（Optional Surcharge）：装货时尚不能确定卸货港，要求在预先提出的两个或两个以上港口中选择一港卸货，船方因此而加收的附加费。所选港口限定为该航次规定的挂港，并按所选港中收费最高者计算及收取附加费。货主必须在船舶抵达第一选卸货港前（一般规定为24小时或48小时）向船方声明最后确定的卸货港。

（4）转船附加费（Transshipment Surcharge）：凡运往非基本港的货物，需转船运往目的港时，船舶公司所收取的附加费。其中包括转船费（包括换装费、运输费）和二程运费。但有的船舶公司不收取此项附加费，而是分别另收转船费和二程运费，这样收取的一、二程运费和转船费，又称"三道价"。

（5）直航附加费（Direct Additional）：运往基本港的货物达到一定的数量，船舶公司可安排直航该港而不转船时所加收的附加费。通常，直航附加费比转船附加费低。

（6）港口附加费（Port Additional or Port Surcharge）：船舶需要进入条件较差、装卸效率较低或船舶费用较高的港口及其他原因而增收的附加费。

（7）港口拥挤附加费（Port Congestion Surcharge）：有些港口由于拥挤，致使船舶停泊时间增加而加收的附加费。该项附加费随港口条件改善或恶化而变化。

（8）燃油附加费（Bunker Surcharge or Bunker Adjustment Factor，B.A.F）：因燃油价格上涨而加收一绝对数或按基本运价的一定百分比加收的附加费。

（9）货币贬值附加费（Devaluation Surcharge or Currency Adjustment Factor，C.A.F）：在货币贬值时，船方为保持其实际收入不致减少，按基本运价的一定百分比加收的附加费。

（10）绕航附加费（Deviation Surcharge）：因战争、运河关闭、航道阻塞等原因造成正常航道受阻，必须临时绕航才能将货物送达目的港而增加的附加费。

除以上各种附加费外，还有一些附加费需船货双方议定，如洗舱费、熏舱费、破冰费、加温费等，各种附加费是对基本运价的调节和补充，可灵活地对外界各种不测因素的变化做出反应，是班轮运价的重要组成部分。

4. 运费计算步骤

（1）选择相关的运价本。

（2）根据货物名称，在货物分级表中查到运费计算标准（Basis）和等级（Class）。

（3）在等级费率表的基本费率部分，找到相应的航线、启运港和目的港，按等级查到基本运价。

（4）从附加费部分查出所有应收（付）的附加费项目、数额（或百分比）及货币种类。

（5）根据基本运价和附加费计算出实际运价。

（6）运费 = 运价 × 运费吨。

（二）集装箱班轮运费计算方法

集装箱班轮运费的计算基本上分为两大类：一类是使用件杂货运费计算方法，即以每运费吨为单位（俗称散货价）；另一类是以每个集装箱为计费单位（俗称包箱价）。

1. 件杂货基本费率加附加费

（1）基本费率：参照传统件杂货运价，以运费吨为计算单位。多数航线采用等级费率。

（2）附加费：除传统杂货所收的常规附加费外，还要加收一些与集装箱货物运输有关的附加费。

2. 包箱费率（Box Rate）

这种费率以每个集装箱为计费单位，常用于集装箱交货的情况，即 CFS – CY 或 CY – CY 条款，常见的包箱费率有以下三种表现形式。

（1）FAK（Freight for All Kinds）：对每一个集装箱不细分箱内货类，不计货量（在重量限额之内）统一收取的运价。

（2）FCS（Freight for Class）：按不同货物等级制定不同的包箱费率。集装箱普通货物的等级划分与杂货运输分法一样，仍是 1~20 级，但是集装箱货物的费率级差远小于杂货费率级差。一般低价货集装箱收费高于传统运输，高价货集装箱低于传统运输；同一等级的货物，重货集装箱运价高于体积货运价。在这种费率下，拼箱货运费计算与传统运输一样，根据货物名称查到等级、计算标准，然后套用相应的费率，乘以运费吨，即得运费。

（3）FCB（Freight for Class 或 Basis）：按不同货物等级（或货类）、计算标准制定的费率。

3. 集装箱运输中不同交接方式下运费的构成

集装箱运输中不同交接方式下运费的构成如表 1 – 4 – 6 所示。

表 1 – 4 – 6 集装箱运输中不同交接方式下运费的构成（LCL 拼箱货、FCL 整箱货）

交接方式		发货地			海上运输	收货地			费用组成
		A	B	C	D	E	D	C	B	A	
LCL/LCL	CFS/CFS		√	√		√		√	√		B+C+E+C+B
FCL/FCL	DR/DR	√		√		√		√		√	A+C+E+C+A
	DR/CY	√		√		√	√				A+C+E+C+D
	CY/CY			√	√	√	√	√			C+D+E+C+D
	CY/DR			√	√	√		√		√	C+D+E+C+A
LCL/FCL	CFS/CY		√	√		√	√				B+C+E+C+D
	CFS/DR		√	√		√		√		√	B+C+E+C+A
FCL/LCL	DR/CFS	√		√		√		√	√		A+C+E+C+B
	CY/CFS			√	√	√		√	√		C+D+E+C+B

其中 A、B、C、D、E 所代表的含义如下：

A 代表内陆运输费（Inland Transportation Charge），包括铁路、公路、航空、内河、沿

海支线运输所发生的运输费用。

B 代表拆拼箱服务费（LCL Service Charge），包括取箱、装箱、送箱、拆箱及理货，免费期间的堆存、签单、制单等各种作业所发生的费用。

C 代表码头/堆场服务费（Terminal Handle Charge），包括船与堆场间搬运、免费期间的堆存及单证制作等费用。

D 代表装/卸车费（Transfer Charge），包括在堆场、货运站等地点使用港区机械从货方接运的汽车/火车上卸下或装箱时的费用。

E 代表海运费（Ocean Freight），与传统班轮杂货的费用承担范围相同。

本任务中的清洁球为普通货物，所以选用干货箱。

货物总重量：$0.012 \times 3\,500 = 42$（吨）

货物总体积：$0.53 \times 0.21 \times 0.15 \times 3\,500 = 58.43$（立方米）

总运费 = 基本运费 + 附加服务费

本任务中使用 2 个 20 英尺（1 英尺 = 30.48 厘米）集装箱。

基本运费 = 单箱运费 × 箱量 = $1\,450 \times 2 = 2\,900$（美元）

需要收取的附加费有：ORC、BAF、AMS、DHF、SLF。

附加费 = $190 \times 2 + 394 \times 2 + 25 + 50 + 50 \times 2 = 1\,343$（美元）

总运费 = $2\,900 + 1\,343 = 4\,243$（美元）

第四步，填写水运提单

请根据本次实训资料，完成表 1-4-7 水运提单的填写（注：带星号部分必填）。

表 1-4-7 水运提单

*1. Shipper Insert Name, Address and Phone GUANGZHOU HF TRADING Co., LTD Room ×××, No. ×××, Dongfeng Road, Guangzhou, China Teb：020 - ×××××××		B/L No. ×××××× Carrier： COSCO CONTAINER LINES
*2. Consignee Insert Name, Address and Phone AL QADAH TRADING COMPANY L. L. C 202 W. 1st St. LOS ANGELES, CA 90012 Phone：(877) 554 -4000		Port - to - Port or Combined Transport BILL OF LADING
3. Notify Party Insert Name, Address and Phone		
4. Combined Transport	5. Combined Transport Place of Receipt	
*6. Ocean Vessel Voy. No. YM ASCULINITY, 32E	*7. Port of Loading SHENZHEN	
*8. Port of Discharge LOS ANGELES	9. Combined Transport Place of Delivery	

续表

Marks &Nos.	*No. of Packages	*Description of Goods	*Gross Weight（KGS）	*Measurement（CBM）
	3 500 Cartons	Cleaning Ball	42 000	58.43

*10. Total Number of Containers and/or Packages（in Words）				
SAY TWO TWENTY – FOOT CONTAINERS ONLY				
11. Freight&Charges	Revenue Tons	Rate	Per	Prepaid	Collect
Ex. Rate：	Prepaid at	Payable at	Place and Date of Issue
	Total Prepaid	No. of Original B（s）/L	Signed for the Carrier

【做中学、学中做】技能强化训练

上海 HD 贸易公司和澳大利亚客户达成皮鞋出口贸易，本批出口商品系采用集装箱班轮运输，具体贸易细节如下。

1. 出口外贸公司

SHANGHAI HD TRADING CO.，LTD.

Room ××××，No. ×××，Garden Road，Shanghai，China

Tel：021 - ××××××× Fax：021 - ×××××××

2. 国外客户

NEW INN TRADING CO.，LTD.

39 Dunblane Street，Camperdown NSW 2050

Phone：+61 2 9351 2222 Fax：+61 2 8627 8818

3. 交易商品

Product：Shoes，如表 1 - 4 - 8 所示。

Partial Shipment（分批装运）：not allowed。

Transshipment（转运）：allowed。

表 1－4－8　交易商品明细

唛头 Marks& Nos.	品名 Descriptions	件数 No. of Packages（CASE）	体积 Measurement（CBM）	毛重 Gross Weight（KGS）	净重 Net Weight（KGS）	总价 Total Price（USD）
NOMARK	Shoes	100	0.035/箱	30 千克/箱	28 千克/箱	2 000

4. Service Type（交货条款）：CFS/CY。

5. Time OF Shipment（最后装船期）：2014 年 12 月 1 日。

6. Freight（运费）：Prepaid。

7. Port of Loading（装货港）：SHANGHAI。

8. Port of Discharge（卸货港）：SYDNEY。

9. Ocean Vessel（船名）：YM PLUM。

10. Voy. No.（航次）：103E。

要求：

（1）托运人一般通过海运货运代理公司办理海运业务，请简述国际海运货运代理的含义及业务范围。

（2）由于该批出口货物批量很小，因此采用拼箱运输，请绘制海运拼箱运输业务流程图。

（3）计算运费。

经查，上海到悉尼的运费计算标准为 W/M10 级。查10级货直运悉尼港每运费吨200元，加货币附加费37%，燃油附加费28%，港口拥挤费25%［计费的重量吨和尺码吨统称为运费吨，我国远洋运输运价表中将每吨（1吨=1 000 千克）的体积大于1立方米的货物定为容积货物］。请计算该批货物的总运费。列出运算方法或运算公式，写出运算步骤和运算结果。

（4）请根据以上资料，完成表1-4-9提单表的填写（注：带星号部分必填）。

表1-4-9　提单表

*1. Shipper Insert Name, Address and Phone		B/L No. ××××××	
		Carrier: COSCO CONTAINER LINES Port-to-Port or Combined Transport	
*2. Consignee Insert Name, Address and Phone			
3. Notify Party Insert Name, Address and Phone		BILL OF LADING	
4. Combined Transport Pre-carriage by	5. Combined Transport Place of Receipt		
*6. Ocean Vessel Voy. No.	*7. Port of Loading		
*8. Port of Discharge	9. Combined Transport Place of Delivery		
*Marks & Nos.	*No. of Packages	*Description of Goods	*Gross Weight (KGS)	*Measurement (CBM)
*10. Total Number of Containers and/or Packages (in Words)				
11. Freight & Charges	Revenue Tons	Rate	Per	Prepaid	Collect
Ex. Rate:	Prepaid at	Payable at	Place and Date of Issue		
	Total Prepaid	No. of Original B (s)/L	Signed for the Carrier		

任务清单 1-5　航空运输组织

 素养提升

> 王德润将不断提高人民群众的出行品质作为己任。在他的带领下，杭州长运成为"浙江快客"的首创单位。如今，"浙江快客"模式已成为最主流的长途客运模式。
>
> 他不断创新服务，引领行业标杆。王德润带领杭州长运在全国率先推出快客班车"十大服务承诺"、实施实名制售票乘车、推行大客车安装 GPS 和车载视频监控制度，首创驾驶员薪酬考核机制、创新股权激励机制，引领了行业创新的新高度。
>
> 近年来，道路客运行业进入"寒冬"，王德润对内创新体制机制，营造大众创业、万众创新的局面；对外确保服务产品、站点布局、站宇开发，"三驾马车"并驾齐驱，打造新型道路运输行业生态圈。
>
> 二十余年来，王德润带领杭州长运共运送旅客 3 亿余人次，行车 20 多亿千米，未发生过一起较大及以上有责安全事故，为旅客出行牢牢筑起了安全大堤。在他的带领下，杭州长运涌现安全行车 200 万千米以上的驾驶员 100 余人、安全行车 100 万千米以上驾驶员 500 余人，先后打造了吴斌车队、国宾巴士车队等优秀驾驶员团队。
>
> 王德润坚持反哺社会，他带领杭州长运抗雪救灾保春运、支援奥运当前锋、做抗震救灾排头兵，彰显了道路运输骨干企业的社会责任。
>
> 杭州长运始终坚持把"取信于民和便民利民"作为出发点，为旅客提供高品质服务。

一、任务情景

北京 LX 电脑有限公司和美国洛杉矶 DO 贸易公司达成一批电脑配件（Computer Parts）的交易，本批商品系采用航空运输，具体的贸易细节如下。

起飞机场：北京首都国际机场。

目的机场：洛杉矶国际机场。

运输要求：直达，客户要求 2016 年 10 月 7 日 20：00 之前起飞。

运费：预付。

包装：纸箱体积为 60 厘米×50 厘米×40 厘米。

毛重：10 千克/箱。

价值：16 000 元/箱。

数量：5 箱。

北京到洛杉矶的航空运费如表 1-5-1 所示。

表 1-5-1　首都国际机场（PEK）到洛杉矶国际机场（LAX）航空运费

M	-45	+45	+100	+300	+500	+1 000
500	32	23	19	18	17	16

航空附加费收费标准如表 1-5-2 所示。

表 1-5-2　航空附加费收费标准

附加费名称	收费标准	备注
机场地面操作费	0.7 元/千克	最低 20 元每票
燃油附加费	6 元/千克 11 元/千克	中国出发到亚太国家，空运燃油附加费 6 元/千克 中国出发到亚太以外国家，空运燃油附加费 11 元/千克
运单费	50 元/票	又称航空货运单工本费
安检费	1 元/千克	

二、任务目标

通过本任务的技能训练，熟练掌握航空货物运输的作业流程，并能熟练完成作业流程图的绘制和航空运输的运费计算。

三、任务要求

（1）根据任务要求，完成表 1-5-3 托运单的填写（注：带星号部分必填）。

表 1-5-3　托运单

*Shipper（"The Customer"）（托运人）：	Mawb No.： XX 航空公司	Hawb No.：
*Consignee（收货人）：		
Notify Party： Tel：　　　　　Fax：		

续表

Name of Carrier: (飞机名称)	*Departure Airport: (始发站机场)	*Airfreight Charges: (运费支付情况) □Prepaid □Collect	Other Charges: (其他费用支付) □Prepaid □Collect
*Destination: (目的机场)	Country of Origin (Goods): (货物原产地)		
*Marks and Kind of Packages; Description of Goods: (唛头及商品描述)		*Gross Weight: (毛重)	*Measurement: (体积)
Specify Currency (指定币种)	Declared Value for Customs (供海关用声明价值)	Declared Value for Carriage (供运输用声明价值)	Insurance Amount (保险金额)	Shipper's C. O. D (代收货款)
Special Instructions: Agree Rate: 特殊说明 Documents Accompanying Airway Bill: □Packing List □Certificate of Origin □Commercial Invoice □Consular Invoice (货运单所附文件) Received the Above Shipment for: By: (承运人收取货物时签名)		We hereby guarantee payment of all freight collect charges due to the forwarders or to the carrier. If the shipment is abandoned, refused by consignee. Returned at our request, confiscated by the customs or for any other reason can't be delivered within a reasonable time. Signatory's Name in Block Letters: (姓名请用正楷书写) Signature and Stamp: Date: (Month/Day/Year)		

（2）图1-5-1是航空公司提供的航空集装器，请说明集装器号的含义，并阐述航空集装器可划分为哪些类型。

图1-5-1 航空公司提供的航空集装器

（3）运费计算。

请计算该批货物的总运费。列出运算方法或运算公式，写出运算步骤和运算结果。

(4) 根据以上资料，完成表1-5-4航空运单填写。

表1-5-4 航空运单

Gross Weight	KG Lb	Rate Class / Commodity Item No.	Chargeable Weight	Rate/Charge	Total	Nature and Quantity of Goods (Incl Dimensions or Volume)
		/	/			

四、任务实施

第一步，了解航空运输的相关知识

（一）航空运输的经营方式

1. 班机运输

班机是指在固定的航线上定期航行的航班，包括固定始发站、目的站和途经站的飞机。班机的航线基本固定，而且定期开航，收、发货人可以准确地掌握起运和运达时间，保证了货物安全迅速地运达目的地，有利于运送鲜活、易腐烂的货物及贵重货物。班机的不足之处是舱位有限，不能满足大批量货物及时出运的需求。

2. 包机运输

包机运输可分为整架包机和部分包机。

整架包机是指航空公司或包机代理公司按照与租机人事先约定的条件和运价，将整架飞机租给租机人，从一个或几个航空站装运货物至指定目的地的运输方式。包机的运费随国际航空运输市场的供求情况而变化。

部分包机是指多家航空货运代理公司联合包租一架飞机，也可以由航空公司或包机代理公司把一架飞机的舱位分给多家航空货运代理公司，适合1吨以上但不足一整架飞机的货物，其运费比包机低，但运送时间比包机长。

3. 集中托运

集中托运是指航空货运代理公司把若干批单独发运的、发往同一方向的货物集中起来，组成一票货，向航空公司办理托运，采用一份总运单集中发运到一站，由航空货运代理公司在目的地指定代理人收货、报关并分拨给各实际收货人的运输方式。集中托运比较普遍，是航空货运代理公司的主要业务之一。采用集中托运的方式时，货主所付的运价较低。

4. 航空快递

航空快递是航空货运代理公司或航空速递公司派专人以最快的速度在货主、机场和用户之间运送和交接货物的快速运输方式。航空快递业务是由空运代理公司通过航空公司进行的，是最快捷的一种运输方式。

航空快递业务的主要形式有以下几种。

(1) "门到门"服务。

"门到门"服务是指发货人需要发货时，打电话给快递公司，由快递公司负责将货物送至收件人的服务。快递公司派人到发货人所在地取件，然后将快件根据不同的目的地进行分拣、整理、核对、制单、报关，利用最近的航班，通过航空公司将快件运往世界各地。发件地的快递公司将所发快件的有关信息通知中转站或目的站的快件公司。快件到达中转站或目的地机场后，由中转站或目的地的快件公司负责办理清关、提货手续，将快件及时送到收货人手中，并将有关信息反馈到发件地的快递公司。

（2）"门到机场"服务。

"门到机场"服务是指快件到达目的地机场后，当地快件公司及时将有关到货信息告知收货人，清关、提货手续可由收货人自己办理，也可委托快件公司或其他代理公司办理，适用于货物价值较高或目的地海关当局对货物或物品有特殊规定的快件。

（3）"专人派送"服务。

"专人派送"服务是指发件的快递公司指派专人携带快件，在最短的时间内，采用最快捷的交通方式，将快件送到收货人手中。

"门到门"服务是最方便、最快捷、最普遍使用的方式；"门到机场"服务简化了发件人的手续，但需要收货人安排清关、提货手续；"专人派送"服务是一种特殊服务，费用较高，使用较少。

（二）航空货物出口操作流程

航空货物出口流程是指航空货运公司从发货人手中接货到将货物交给航空公司承运的过程，以及在这一过程中所办理手续及填写必备单证等的全过程。

1. 受理托运

托运人（发货人）在货物出口地委托合适的航空货运公司，为其代理空运订舱、报关和托运业务；航空货运公司根据自己的业务范围、服务项目等接受托运人委托，并要求其填制航空货运委托书，以此作为委托与接受委托的依据。托运人应对托运书上所填内容及所提供的运输文件的正确性和完备性负责。

2. 订舱

航空货运公司根据发货人的要求及货物本身的特点，填写民航部门要求的订舱单，注明货物的名称、体积、质量、件数、目的港和时间等信息，要求航空公司根据实际情况安排航班和舱位，也就是航空货运公司向航空公司申请运输并预订舱位。

3. 备货

航空公司客服人员根据航空货运公司填写的订舱单安排航班和舱位，并由航空货运公司及时通知发货人备单、备货。

4. 接单提货

代理人在收运国际货物时，应重点检查货物是否符合运输要求，货物的包装是否牢固，体积是否受机型限制，海关手续是否办妥，托运人委托其报关时提供的单据是否齐全。托运人填写托运书时，代理人应协助其重点检查货物品名称是否准确，收货人姓名和地址是否具体、准确，还应和托运人明确运费。

5. 缮制单证

航空货运公司审核托运人提供的单证，绘制报关单，报海关初审，缮制航空货运单，并将托运人提供的货物随行单据装订在运单的后面。如果是集中托运的货物，则要填写集中托运清单和航空分运单，一并装入一个信袋，并装订在运单后面。

6. 报关

持缮制完的航空运单、报关单、装箱单和发票等相关单证到海关报关放行。海关将在报关单、运单正本和出口收汇核销单上盖放行章，并在出口产品退税的单据上盖验讫章。

7. 货交承运人

将盖有海关放行章的航空运单与货物一起交给航空公司，由其安排航空运输，随附航空运单正本、发票、装箱单、产地证明、品质鉴定书等。航空公司验收单、货无误后，在交接单上签字。货物发出后，航空货运公司及时通知航空代理收货，通知内容包括航班号、运单号、品名、数量、质量及收货人相关资料等。

8. 费用结算

航空货运中，费用结算主要涉及航空货运公司、承运人和国外代理三方与发货人的结算。即航空货运公司向发货人收取航空运费、地面运费及各种手续费、服务费，向承运人支付航空运费，同时向其收取佣金，可按协议与国外代理三方结算到付运费及利润分成。

（三）航空货物进口操作流程

航空货物进口操作流程是指航空货物从入境到提取或转运和整个过程中所需通过的环节，以及所需办理的手续及填写必备单证的过程。航空货物入境后，要经过多个环节才能提出海关监管场所，而每经过一个环节都要办理相应的手续，并需出具相关的单证。

1. 到货

航空货物入境后，将处于海关监管之中，货物存于海关监管仓库内。同时，航空公司向运单上的收货人发出到货通知。若运单上的第一收货人是航空公司，则航空公司会把有关货物运输单据交给航空货运公司。

2. 分类整理

航空货运公司在取得运单后，根据自己的习惯进行分类整理，区分集中托运货物和单票货物、运费预付和运费到付货物。集中托运货物需对总运单项下的货物进行分拨，按每一份运单的货物分别处理。分类整理后，航空货运公司对货物编写公司内部的编号，以便用户查询和内部统计。

3. 到货通知

航空货运公司根据收货人资料寄发到货通知，催促其速办报关、提货手续。

4. 缮制单证

根据运单、发票及证明货物合法进口的有关批文缮制报关单，并在报关单的右下角加盖报关单位的报关专用章。

5. 报关

将制作好的报关单连同货物装箱单、发票、运单等的正本递交海关，向海关提出办理进口货物报关手续。海关在经过初审、审单、征税等环节后，放行货物。只有经过海关放行后的货物才能提出海关监管仓库。

6. 提货

凭借盖有海关放行章的运单正本到海关监管仓库提取货物并送货给收货人，收货人也可自行提货。

7. 结算费用

货主或委托人在收货时，应结清各种费用。

第二步，计算航空运输运费

（一）航空运价

航空运价是指出发地机场至目的地机场之间的航空运输价格，不包括机场与市区间的地面运输及其他费用。航空运价分为以下几种。

（1）普通货物运价。

这种运价适用于各种货物，以货物的重量计算费用。航空公司通常对普通货物设置货物重量等级，根据不同的货物重量等级采用不同的运输价格，货物重量越大，运价越优惠。

①基础运价（N级）。中国民航局统一规定各行段货物的基础运价，基础运价为45千克以下的普通货物运价，金额以元为单位。

②重量分界点运价（Q级）。国内航空货物运输分为45千克以上、10千克以上和30千克以上3级重量分界点及运价。

（2）指定物品运价（C级）。

指定物品运价适用于某一航线上明确分类的特定物品的运价，如一些批量大、季节性强、单位价值低的货物。许多指定物品运价还包括对大宗货物运价的折扣。

指定物品运价因航线而异，航空公司通过提供指定物品运价来鼓励客户采用航空运输，以达到充分利用吨位、解决方向性运输不平衡的问题，从而提高运载率、降低运输成本。

（3）等级运价（S级）。

等级运价是指航空公司对某些特定货物提供的折扣运价或额外运价。例如，航空公司对发行的报纸提供普通运价50%的折扣运价；对急件、生物制品、珍贵植物和植物制品、活体动物、骨灰、灵柩、鲜活易腐物品、贵重物品、枪械、弹药、押运货物等特种货物实行额外运价，按机场运价的150%计收运费。

（4）最低运价（M级）。

每票国内航空货物最低价为30元。

（5）集装运价。

该运价适用于采用集装箱运输的货物，以集装箱或集装板作为一个运输单位。

（6）协议运价。

该运价指航空公司与托运人签订协议，托运人保证每年向航空公司交运一定数量的货物，航空公司则向托运人提供一定数量的运价折扣，具体形式有长期协议（一般为一年左右）和短期协议（一般为半年左右）。

（7）联运运价。

如果在始发站和目的站之间需要多个航空公司承运，则采用联运运价。联运运价一般是国家颁布的价格。

（8）预定舱位运价。

如果客户优先预定舱位，则采用预定舱位运价。

（9）其他特殊运价。

如运输危险品等需要特殊服务的物品，则采用特殊运价。

（二）计费重量的确定

计费重量是指计算货物航空运费的重量。航空公司规定，计费重量一般在货物的实际毛重与货物的体积重量中取高者。当货物体积小、重量大时，按实际毛重计算计费重量；当货物体积大、重量小时，按体积计算计费重量。在集中托运时，一批货物由几件不同的货物组成，有轻泡货物也有较重货物，其计费重量则采用整批货物的毛重或总的体积重量，按两者之中较高的一个计算。

1. 实际毛重

包括货物包装在内的货物重量称为货物的实际毛重。对于高密度货物，应考虑采用实际毛重作为计费重量。

2. 体积重量

将货物的体积按一定的比例折合为重量，此重量称为体积重量。每千克货物的体积超过600立方厘米时，就以体积重量作为计费重量。体积重量的计算方法如下。

（1）测量出货物的最长、最宽和最高部分的尺寸（单位为厘米），三者相乘算出体积，尾数四舍五入。货运站测量货物的外包装时，要比箱子实际尺寸多出 1~2 厘米，如果箱子有凸出部分，则按凸出部分的长度来计算。

（2）将体积折算成重量。轻泡货以每600立方厘米折合为1千克计算，计算公式为：

体积重量（千克）= 长（厘米）× 宽（厘米）× 高（厘米）÷ 6 000（立方厘米/千克）

（三）计费事项

国内航空货物运算计算规则如下：

（1）运费计算以元为单位，元以下四舍五入。

（2）确定最低运价时，将按重量计算的运价与最低运费相比，取较高者。

（3）按实际重量计得的运费与按较高重量分界点运价计得的运费相比，取较低者。

（4）分段相加组成运价时，不考虑实际运输路线，将不同的运价组成点所组成的运价相比，取较低者。

根据本任务情景可知：

总运费 = 航空运费 + 附加服务费 = 计费重量 × 运价 + 附加服务费

体积重量 = 60 × 50 × 40 × 5 ÷ 6 000 = 100（千克），大于50千克

所以计费重量为 100.0 千克，而适用运价为 19.00 元/千克。

航空运费 = 100.0 × 19.00 = 1 900.00（元）

机场地面操作费 = 0.7 × 100 = 70 元 > 20 元

航空附加费 = 70 + 6 × 100 + 50 + 1 × 100 = 820.00（元）

总运费 = 1 900.00 + 820.00 = 2 720.00（元）

根据以上资料，完成表 1 – 5 – 5 航空运单计费栏的填写。

表 1 – 5 – 5　航空运单计费栏

Gross Weight	KG Lb	Rate Class		Chargeable Weight	Rate/ Charge	Total	Nature and Quantity of Goods (Incl Dimensions or Volume)
		Commodity Item No.					
50.0	KG	/	/	100.0	19.00	1 900.00	60 厘米 × 50 厘米 × 40 厘米 × 5 箱

第三步，集装器号

在本次实训项目中（图 1 – 5 – 1），集装器号为"AKE24307CA"。

"A"：集装器类型代码（如，A 代表注册的飞机集装器）。

"K"：集装器底板尺寸代码。

"E"：集装器外形和适配代码。

"24307"：集装器序号。

"CA"：集装器所有人代码，CA 指中国国际货运航空有限公司。

航空集装器按种类划分为：集装板和网套，集装棚，集装箱。

第四步，完成单据填制

根据任务要求，完成表 1 – 5 – 6 托运单的填写（注：带星号部分必填）。

表 1 – 5 – 6　托运单

*Shipper（"TheCustomer"）: 北京 LX 电脑有限公司		Mawb No.： XX 航空公司		Hawb No.：	
*Consignee： 美国洛杉矶 DO 贸易公司					
Notify Party： Tel：　　　　Fax：					
Name of Carrier：	*Departure Airport 北京首都国际机场		*Airfreight Charges： ☑Prepaid　□Collect		Other Charges： □Prepaid　□Collect
*Destination 洛杉矶国际机场	Country of Origin（Goods）：				

续表

* Marks and Kind of Packages：Description of Goods 电脑配件		* Gross Weight 50 千克	* Measurement 60 厘米×50 厘米× 40 厘米×5 箱
Specify Currency	Declared Value for Customs	Declared Value for Carriage	Insurance Amount	Shipper's C. O. D

Special Instructions： Agree Rate：	We hereby guarantee payment of all freight collect charges due to the forwarders or to the carrier. If the shipment is abandoned, refused by consignee. Returned a tour request, confiscated by the customs or for any other reason can't be delivered within a reasonable time.
Documents Accompanying Airway Bill： □Packing List □Certificate of Origin □Commercial Invoice □Consular Invoice	
Received the Above Shipment for：	Signatory's Name in Block Letters：
	Signature and Stamp： Date：

【做中学、学中做】技能强化训练

北京运往大阪三箱奶酪（Cheese）共 150 千克，每件体积为 102 厘米×44 厘米×25 厘米，计算航空运费。运价如表 1-5-7 所示。

表 1-5-7 运价

Departure	BEIJING	CN	KGS	CNY
Destination	OSAKA	JP	M	200
			N	25.61
			45	19.23
			100	14.89

其中，体积重量等于货物体积除以 6 000 立方厘米/千克，计费重量以 0.5 千克为最小单位。

航空附加费收费标准如表 1-5-8 所示。

表 1-5-8 航空附加费收费标准

附加费名称	币种及收费标准	备注
机场地面操作费	0.7 元/千克	最低 20 元每票
燃油附加费	6 元/千克 11 元/千克	中国出发到亚太国家，空运燃油附加费 6 元/千克 中国出发到亚太以外国家，空运燃油附加费 11 元/千克
运单费	50 元/票	又称航空货运单工本费
安检费	1 元/千克	

要求：

（1）这批奶酪的货运单号为 999—89783444，货物价值 20 000 元，飞机于 12 月 29 日到达大阪机场，当天上午 9 点航空公司发出到货通知，收货人当天办理完海关手续后到机场提货时，发现货物并没有放在冷库保存，奶酪解冻后受损，收货人当时便提出异议，因为在货运单的操作注意事项栏中明显注明"KEEP COOL"字样，但工作人员在分拣时因疏忽没有看到，最后经过挑选，损失达 60% 左右。请问：

①收货人能否向承运人索赔，为什么？

②赔偿总金额是多少？

（2）收运时一定要开箱验视吗？对哪些商品要重点检查？如何避免误收禁运品的风险？任务中的货物收运时的注意事项有哪些？

（3）图 1-5-2 是航空公司提供的航空集装器，请说明集装器号的含义，并阐述航空集装器可分为哪些类型。

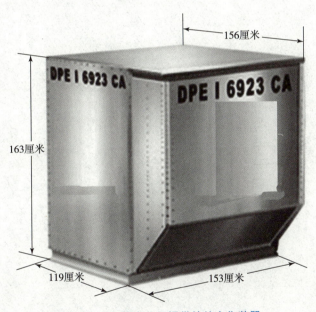

图 1-5-2　航空公司提供的航空集装器

（4）请计算该批货物的总运费。列出运算方法或运算公式，写出运算步骤和运算结果。

（5）根据以上资料，完成表 1-5-9 航空运单计费栏的填写。

表 1-5-9　航空运单计费栏

Gross Weight	KG Lb	/	Rate Class	Chargeable Weight	Rate/ Charge	Total	Nature and Quantity of Goods (Incl Dimensions or Volume)
			Commodity Item No.				
			/				

项目 2　入库作业设计

知识目标

1. 熟练掌握入库作业的基本流程，物品计件、检斤、检尺求积等数量检验知识；
2. 理解入库各流程的作业内容及影响入库作业的各种因素；
3. 理解入库各类单证所包含的内容；
4. 了解入库作业所用到的设施设备。

技能目标

1. 能够依据货物出库量进行物动量 ABC 分类；
2. 能够根据入库作业计划准备货位、苫垫材料；能够验收与装卸搬运器械；
3. 能够处理各种入库单证；
4. 能够利用工具进行计件、检斤、检尺求积的数量检验收货作业；
5. 能够处理物品检验中单证不齐、数量短缺、质量不符等问题；
6. 能够办理物品入库交接手续。

素质目标

1. 培养学生安全、文明、高效的工作态度；
2. 培养学生团队协作、互相尊重的精神；
3. 培养学生公正、客观的诚信品质；
4. 培养学生的自主学习能力和创新精神。

任务清单 2-1　入库流程图的绘制

 **素养提升**

> 列车穿梭，承载希望。提高地铁列车运营效率，带给乘客更多便捷，是王皓的初心与使命。
>
> 王皓组织技术人员对车门门控器电源模块及安全回路进行改造，在车门发生故障时能及时准确定位故障位置，缩短了司机的处理时间，提高了运营服务质量。通过对客室门和司机室门软件的修改，哈尔滨地铁1号线每站停靠时间减少3秒，单程共计减少51秒，提高了运营服务效率，方便了百姓出行。
>
> 他积极推进节能降耗工作，编制完成了《车辆中心节能降耗实施细则》，完成了电客车前照灯节能降耗项目，改造后的前照灯使用寿命由3千小时提高为3万小时，寿命周期内的维护成本与故障率大幅降低。
>
> 他强化车辆检修质量管理，组建了独立的中心级质量管理队伍，制定并发布了《车辆检修质量检查管理办法》，为车辆检修提供标准依据。为提高司机技能素质，在王皓的带领下，车辆中心每季度组织开展"先锋班组"及"季度之星"评比活动，每年组织开展"星级司机"比武活动，营造出良好的人才发展氛围。
>
> 工作25年来，王皓先后获得"哈尔滨铁路局青年科技拔尖人才""哈尔滨地铁集团运营分公司优秀安全管理人员""哈尔滨地铁集团优秀共产党员标兵""中华全国铁路总工会火车头奖章"等荣誉。
>
> 穿梭在时空转换的隧道里，行走在冬暖夏凉的车厢内，唯愿地铁安全运行每一天，乘客满意出行每一站。

一、任务情景

新力有限公司成立于1992年，占地约180亩，现有员工800多人，拥有约4.5万平方米的科研、生产及办公场地。公司专注煤质采、制设备的研发、生产和销售，并致力于燃料管理智能化、自动化，实现无人值守，可为燃料监管验收提供整体解决方案，为提升燃料管理、监督信息化水平，降低电厂发电成本提供设备和技术支持。公司年生产采煤设备12 000套（单套设备约有8个大类，100个部件，总体积180厘米×240厘米×120厘米，总重量750千克），生产制煤设备10 000套（单套设备约有12个大类，120个部件，总体积580厘米×340厘米×220厘米，总重量1 850千克）。

公司现有三个仓库：原材料库、零部件库、产成品仓库。零部件库的零部件除自己生产的核心部件外，大部分零部件需向各供应商采购。2021年4月5日有一批从宏达贸易公司采购的零部件入库，入库通知单如表2-1-1所示，货物存放方式为托盘货架存放方式。已知，货架每单元货位额定承重为500千克，托盘自重20千克；卸车时可以两人在车上共同码托，码托时间平均为3分钟，叉车从车上叉取托盘到送入仓库作业区验收暂存地点来回需要2分钟。

表2-1-1　宏达入库通知单

入库通知单编号	J20210405123	订单编号	D20210401012
供货商	宏达贸易公司	入库时间	2021-4-5
序号	商品名称	单位	尺寸/毫米	重量/千克	入库数量/箱
1	A型轴承	箱	500×400×200	32	120
2	B型轴承	箱	500×400×200	36	150

请按照要求做好入库前的准备工作。

二、任务目标

商品入库业务也叫收货业务，是仓储业务的开始。商品入库管理，是根据商品入库凭证，在接收入库商品时所进行的卸货、查点、验收、办理入库手续等各项业务活动的计划和组织。因此，熟悉入库各步骤至关重要。通过本任务的实训操作，熟悉入库工作的操作顺序及步骤。

三、任务要求

请根据该公司的实际情况，制定入库作业的作业流程，并绘制流程图。

知识链接

入库作业是指仓储部门按照存货方的要求，合理组织人力、物力等资源，按照入库作业流程，认真履行入库作业各环节的职责，及时完成入库任务的工作流程。入库工作质量直接影响物品的储存、保管以及出库业务等工作的顺利进行。

当仓储物流迈入物联网时代

四、任务实施

第一步，了解入库作业操作流程的相关知识

1. 做好货物入库前的准备工作

这些准备工作主要包括以下几方面。

（1）熟悉入库货物。

主要是了解入库货物的品种、规格、数量、包装状态、单件体积、到库确切时间、货物存期、货物的理化特性、保管的要求等，从而精确、妥善地进行库场安排、准备。

(2) 掌握仓库库场情况。

了解在货物入库期间和保管期间仓库的库容、设备、人员的变动情况，以便安排工作。对于必须使用重型设备操作的货物，一定要确保可使用设备的货位。必要时要对仓库进行清查，清理归位，以便腾出仓容。

(3) 制订仓储计划。

仓库业务部门根据货物情况、仓库情况、设备情况，制订仓储计划，并将计划下达各相应的作业单位、管理部门。

(4) 妥善安排货位。

仓库部门根据入库货物的性能、数量、类别，结合仓库分区、分类保管的要求，核算货位大小，根据货位使用原则，严格验收场地，妥善安排货位，确定苫垫方案、堆垛方法等。

(5) 做好货位准备。

仓库员要彻底清洁货位，清除残留物，清理排水管道（沟），必要时安排消毒除虫、铺地。详细检查照明、通风等设备，发现损坏及时通知相关部门修理。

(6) 准备苫垫材料、作业用具。

在货物入库前，根据所确定的苫垫方案，准备相应的材料以及所需用具，并组织衬垫铺设作业。

(7) 做好验收准备。

仓库理货人员根据货物情况和仓库管理制度，确定验收方法，准备验收所需的点数、称量、测试、开箱、装箱、丈量、移动照明等工具。

(8) 装卸搬运工艺设定。

根据货物、货位、设备条件、人员等情况，科学合理地设定卸车搬运工艺，保证作业效率。

(9) 准备文件单证。

仓库员应妥善保管货物入库所需的各种报表、单证、记录簿等资料，如入库记录、理货检验单、料卡、残损单等，以备使用。

2. 做好货物的接运工作

做好货物入库前的准备工作后，接下来就要进行货物的接运。接运的方式有两种：一种是到车站码头、货主单位、托运单位、铁路专用线接货；第二种是由存储单位送货上门，仓储公司负责收货。

3. 做好货物的验收工作

接运工作完成后，就要对入库的货物进行验收。验收主要工作包括以下几方面。

(1) 验收的准备工作。

这些准备工作主要有：①全面了解待验收货物的性能、特点和数量，根据其需求确定存放地点、垛形和保管方法；②准备堆码苫垫所需材料和装卸搬运机械、设备及人力，以便使验收后的货物能及时入库保管存放，减少货物停顿时间；若是危险品则需要准备防护设施；③准备相应的检验工具，并做好事前检查，以保证验收数量的准确性和质量的可靠性；④收集并熟悉验收凭证及有关资料;⑤进口货物或上级业务主管部门指定的需要检验质量者,应通知有关检验部门会同验收。

(2)核对凭证。

核对凭证,就是全面核对货主提供的入库通知单和订货合同副本;供货单位提供的验收凭证,包括材质证明书、装箱单、磅码单、发货明细表、说明书、保修卡及合格证等;承运单位提供的运输单证,包括提货通知单和登记货物残损情况的货运记录、普通记录以及公路运输交接单等。入库通知单、订货合同要与供货单位提供的所有凭证相符。

(3)检验货物。

检验货物包括检验数量、检验外观质量和检验包装三个方面,即复核货物数量是否与入库凭证相符,货物质量是否符合规定的要求,货物包装能否保证货物在储存和运输过程中的安全。

4. 正式入库

货物验收完毕后,就需要为入库货物安排货位,然后进行搬运、堆码、苫垫及办理登账、立卡、建档、签单等一系列入库手续。

至此,入库工作完成。

第二步,画出入库作业流程图

该批货物入库流程如图2-1-1所示。

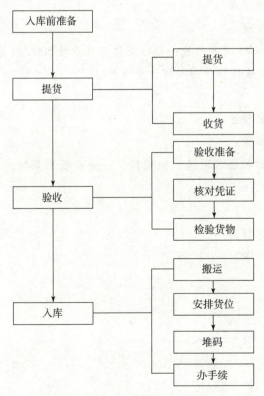

图2-1-1 货物入库流程

根据任务情景，入库流程内容如下。

（1）入库前准备：与宏达贸易公司及送货司机联系，计划并安排仓容与货位，做好单据、人员、设备的准备与安排工作。

（2）提货：安排于4月5日在仓库月台接货卸车。

（3）验收：对货物进行验收；采用相应的验收方法对商品进行验收。

（4）入库：接货的同时将货物码放在单面双向周转托盘上；安排货位，利用搬运工具将码托后的货物从卸货月台搬运至就地堆码区；将搬运来的货物连同托盘上架；所有货物作业完成后签字交接。

【做中学、学中做】技能强化训练

1. 某供应商于2021年3月8日发运一批旺旺食品至华达配送中心所在城市的某铁路货运站，根据协议由华达配送中心自行派车至铁路货运站接运并送至华达配送中心仓库，铁路运输单上标明：旺旺雪饼数量50箱，规格1×20袋（500克），单价22元/袋，金额440元/箱，生产日期2021年1月6日；旺旺烧米饼80箱，规格1×20袋（500克），单价32元/袋，金额640元/箱，生产日期2021年1月10日。这两种食品的保质期均为9个月。请设计该批货物的入库作业流程。

要求：

（1）画出入库作业流程图。

（2）描述入库作业步骤。

2. 某供应商于2021年5月8日送一批冷冻猪肉（数量500块，总重量21 856千克）至某企业冷冻仓库。请设计这批货物的入库作业流程。

要求：

（1）画出入库作业流程图。

（2）描述入库作业步骤。

3. 某供应商委托某运输公司运送一批规格不一的钢板至某物流中心仓库，请设计该批货物的入库作业流程。

要求：

（1）画出入库作业流程图。

（2）描述入库作业步骤。

任务清单 2-2　收货检验

素养提升

> 2016年9月，武汉公交发起倡导"日行一善，德润江城"活动，武汉公交员工在助人为乐、诚实守信、见义勇为和爱岗敬业等方面积极作为，向社会传递正能量，树立公交新形象。
>
> 2020年战"疫"中，2万余名武汉公交人挺身而出，值守运输保障一线，驾驶公交应急保障车辆累计运行21万余辆次，接送医护人员等172万余人次，运送物资496万余箱（件）；物资转运工作队每天24小时轮值，累计转运50万箱（件）、6 200多吨抗疫救援物资。武汉公交集团被授予全国交通运输系统"抗击新冠疫情先进集体"等荣誉称号，武汉公交739路驾驶员聂三华等人荣获"全国抗击新冠疫情先进个人"等荣誉称号。
>
> 如今，"日行一善，德润江城"的品牌影响力不断扩大，活动已推广至武汉整个交通运输行业，参与者从2万余名公交人扩展至30多万名交通人，并涌现出"中国好人"李福斌、"熊猫大侠"孙建等一批先进人物和群体。今后，武汉公交将继续深化品牌建设，从文化引领、典型示范、政策激励等方面，推动"日行一善"服务理念成为员工的价值追求和自觉行动，使其发挥更大的品牌效应。

一、任务情景

新力有限公司成立于1992年，占地约180亩，现有员工800多人，拥有约4.5万平方米的科研、生产及办公场地。公司专注煤质采、制设备的研发、生产和销售，并致力于燃料管理智能化、自动化，实现无人值守，可为燃料监管验收提供整体解决方案，为提升燃料管理、监督信息化水平、降低电厂发电成本提供设备和技术支持。公司年生产采煤设备12 000套（单套设备约有8个大类，100个部件，总体积180厘米×240厘米×120厘米，总重量750千克），生产制煤设备10 000套（单套设备约有12个大类，120个部件，总体积580厘米×340厘米×220厘米，总重量1 850千克）。

公司现有三个仓库：原材料库、零部件库、产成品仓库。零部件库的零部件除自己生产的核心部件外，大部分零部件需向各供应商采购。2021年4月5日有一批从宏达贸易公司采购的零部件入库，入库通知单如表2-2-1所示，货物存放方式为托盘货架存放方式。已知，货架每单元货位额定承重为500千克，托盘自重20千克；卸车时可以两人在车上共同码托，码托时间平均为3分钟，叉车从车上叉取托盘到送入仓库作业区验收暂存地点来回需要2分钟。

表 2-2-1　宏达入库通知单

入库通知单编号	J20210405123	订单编号	D20210401012
供货商	宏达贸易公司	入库时间	2021-4-5
序号	商品名称	单位	尺寸/毫米	重量/千克	入库数量/箱
1	A型轴承	箱	500×400×200	32	120
2	B型轴承	箱	500×400×200	36	150

请按照要求做好入库验收工作。

二、任务目标

通过本任务的技能训练，熟练掌握入库验收物品计件、检斤、检尺求积等数量检验知识，物品理化检验取样的知识，并能熟练完成单据的填写和交接。

三、任务要求

请对这批货物进行验收并完成单据填写与交接。

四、任务实施

第一步，了解收货检验相关知识

（一）检验货物包装

检验货物包装是对货物质量进行检验的一个重要环节。货物包装的完整程度及干湿状况与内装货物的质量有着直接的关系。通过观察货物包装可以有效地判断出货物在运送过程中可能出现的损伤，并据此制定进一步检验货物的措施。因此，在验收货物时，仓库管理人员首先需要对包装进行严格的检验。检验包装时，应主要检查有无被撬、开缝、污染、破损、水渍等不良情况。同时，还要检查包装是否符合有关标准的要求，包括选用的材料、规格、制作工艺、标志、打包方式等。另外要检查包装材料的干湿度。包装的含水量是影响物品保管质量的重要指标，一些包装物含水量高表明物品已经受损，需要进一步检验。

（二）验收货物数量

数量验收是确保货物数量准确不可缺少的重要步骤，是在初验的基础上，于质量验收之前做进一步的货物数量验收，即所谓的细数验收。按货物性质和包装情况，数量验收可以分为三种形式，即计件法、检尺求积法和检斤法。

在进行数量验收之前，应根据物品来源、包装好坏或有关部门规定，确定对到库货物是采取抽验方式还是全验方式。一般情况下，数量检验应全验，即按件数交货的全部进行点数，按重量交货的全部检斤，按理论换算重量交货的全部先检尺，再换算成重量，以实际检验的数量为实收数量。如果货物管理机构对全验和抽验有统一规定，则按规定办理。在进行数量验收时，必须注意应与供货方采取相同的计量方法。采取何种方式计数要在验收记录中做记载，出库时也要按同样的计量方法计数，避免出现误差。

1. 计件法

计件是按件数供货或以件数为计量单位的货物在做数量验收时清点件数。

一般情况下，计件货物应全部逐一清点。若运输包装（外包装）完好，销售包装（内包装）数量固定，一般不拆包，只清点大包装，特殊情况下可拆包抽验，若有问题可扩大抽验范围，直至全验。固定包装的小件货物如包装完好，打开包装对保管不利的可不拆。

一般情况下，国内货物只检查外包装，不拆包检查；进口货物则按合同或惯例办理。

2. 检尺求积法

检尺求积是对以体积为计量单位的货物所做的数量验收，如木材、竹材、砂石等，先检尺，后求体积。

3. 检斤法（重量验收）

检斤是对按重量供货或以重量为计量单位的货物做数量验收时的称重。金属材料和某些化工产品大多使用检斤法验收。按理论换算重量供应的货物主要通过检斤，然后按规定的换算方法换算成重量验收。进口货物原则上应全部检斤，但如果订货合同规定理论换算重量交货则按合同规定。所有检斤的物品，都应填写磅码单。

（1）物品的重量。

物品的重量一般有毛重、皮重、净重之分。

毛重是指物品包括包装重量在内的实际重量；皮重是指物品包装的重量；净重是指物品本身的重量，即毛重减去皮重的数。通常仓库管理中所说的物品重量是指物品的净重。

对于那些没有包装或包装所占重量比较小的物品，可以采用对物品直接过磅的方法得到物品的重量。

（2）重量验收标准。

由于不同地区的地心引力差异、磅秤精度差异及运输装卸损耗的因素造成物品过磅时产生的重量数值差异称为磅差。

$$实际磅差率 = (实收重量 - 应收重量)/应收重量 \times 1\,000‰$$

$$索赔重量 = 应收重量 - 实收重量$$

仓库管理人员在确定重量验收是否合格时，是根据验收的实际磅差率与允许磅差率的比较来判断的。若实际磅差率未超出允许磅差率范围，说明该批物品合格；若实际磅差率超出允许磅差率范围，说明该批物品不合格。

不同的物品有不同的允许磅差率范围，总的来说，价格越高的物品，其允许磅差率的范围就越小。

（三）验收货物质量

货物质量验收就是检验货物质量指标是否符合规定，主要包括外观检验、尺寸精度检验、机械物理性能检验和化学成分检验等形式。一般仓库只做外观检验和尺寸精度检验，后两种检验如果有必要，则由仓库技术管理职能机构取样，委托专门检验机构检验。

仓库对到库货物进行质量检验需根据仓储合同约定来实施，合同没有约定的，按照货物的特性和惯例来确定质量形式。

对于不需要进行进一步质量检验的货物，仓库管理人员在完成上述检验并判断货物合格后就可以办理入库手续了。对于那些需要进一步进行内在质量检验的货物，仓库管理人员应该通知质量检验部门进行质量检验，待检验合格后才能办理入库手续。

（四）填写验收记录

凡是经过检验的货物都要填写检验报告，检验报告如表2-2-2所示。

表2-2-2 检验报告

供货商		订单号		验收员	
运单号		合同号		验收日期	
发货日期		到货日期		复核员	
序号	物品名称	物品编码	规格型号	计量单位	应收数量	实收数量	差额

（五）问题处理

在物品验收过程中，可能会发生单证不齐、数量短缺、质量不符合要求等问题，应区分不同问题，及时处理并填写问题物品处理记录单（见表2-2-3）。验收中发现问题的物品应单独存放，妥善保管，防止混杂、丢失、损坏。

表2-2-3 问题物品处理记录单

常见问题处理	数量溢余	数量短少	品质不合格	包装不合格	规格品类不合格	单证与实物不符
通知供货方						
按实收签收						
维修整理						
查询等候处理						
改单签收						
拒绝收货						
退单退货						

1. 包装问题

在清点大件货物时发现包装有水渍、污染、损坏、变形等情况，应进一步检查内部细数和质量，并由送货人开具包装异状记录或在送货单上注明，同时通知保管员单独堆放，以便处理。

2. 数量不符

经验收后发现货物的实际数量与凭证上所列的数量不一致时,应由收货人在凭证上详细做好记录,按实际数量签收,并及时通知送货人和发货方。

3. 质量问题

在与铁路、交通运输部门初步验收货物时发现质量问题,应会同承运方清查点验,并由承运方编制商务记录或出具证明书,作为索赔的依据。如确认责任不在承运方,也应做好记录,由承运者签字,以便作为向供货方联系处理的依据。

在拆包进行进一步验收时,如发现质量问题,应将有问题的物品单独堆放,并在入库单上分别签收,同时通知供货方,以划清责任。

凡货物质量不符合规定要求的,应及时填写退货单(见表2-2-4),并向供货单位办理退货、换货手续,或凭"货运记录"向相关责任单位索赔。

表2-2-4 退货单

厂商: 年 月 日 编号:

货物条码	名称	规格	数量	备注	签章
退货理由					

主管: 填表人:

第二步,完成收货检验相关工作

根据任务情景,货物的入库检验工作如下。

(1) 对A型轴承和B型轴承进行包装、数量和质量的检验。

(2) 设计并填写每种货物的入库验收单(见表2-2-5)(注:此处以A型轴承为例)。

表2-2-5 入库验收单

货物名称	A型轴承	规格型号	500毫米×400毫米×200毫米
供方	宏达贸易公司	进货日期	2021-4-5
进货数量	120箱	验证数量	120箱
验证方式		全检	
验证项目	标准要求	验证结果	是否合格
数量	与订购数量一致	符合	是
包装	完好无损	1件破损	否
质量	符合合同约定标准要求	1件生锈	否

续表

检验结论	☐合格 ☐不合格				
复检记录	通过复检，确定一件A型轴承因包装破损造成产品生锈，无法正常使用，不合格品不予入库				
检验主管	张三	检验员	李四	日期	2021-4-5
不合格品处置方法	☐拒收 ☐让步接收 ☐全收				
	批准	王五		日期	2021-4-5
备注	对于客户的货品，其中不合格品处置由客户批准				

(3) 设计并填写商品检验记录表（见表2-2-6）。

表2-2-6 商品检验记录表

编号：_____

供货商	宏达贸易公司		采购订单号	D20210401012	入库通知单号		J20210405123
运单号			合同号		车号		
发货日期	2021-4-5		到货日期	2021-4-5	验收日期		2021-4-5
序号	商品名称	商品编码	规格型号/毫米	计量单位	应收数量	实际数量	差额
1	A型轴承		500×400×200	箱	120	120	0
2	B型轴承		500×400×200	箱	150	150	0

单位负责人：张三　　　　　　　复核：李四　　　　　　　检验员：王五

(4) 设计并填写货物异常报告单（见表2-2-7）。

表2-2-7 货物异常报告单

序号：000012　　　　　　　　　　　　　　　　　　　　　　　　日期：2021-4-5

货物编号	品名	规格/毫米	数量	异常情况
D20210401012	A型轴承	500×400×200	1	生锈

送货人：刘一　　　　　检验人：张三

【做中学、学中做】技能强化训练

1. 某供应商于2021年5月8日送一批冷冻猪肉（数量500块，总重量21 856千克）至某企业冷冻仓库。请问对该货物进行数量验收时应采用何种验收方式？

2. 某供应商委托某运输公司运送一批钢板至某物流中心仓库。请问对该货物进行数量验收时应采用何种验收方式？

3. 一供应商于2021年5月20日使用普通货车运送一批康师傅红烧牛肉面至华达配送中心仓库。送货单：数量1 000箱，规格1×12盒（128克），单价2.8元/盒，金额33.6元/箱，生产日期2021年5月10日。请问对该货物进行数量验收时应采用何种验收方式？

4. 一供应商于2021年1月20日送来一车娃哈哈纯净水。送货单：数量600箱，规格1×24盒（596毫升），单价0.8元/瓶，金额19.2元/箱。生产日期2021年1月10日，保质期为12个月。

请问：

（1）一般采取何种质量验收方法进行质量验收？

（2）验收质量时发现哪些现象，我们可将其作为疑问商品或不合格商品处理？

5. 某供应商于2021年1月8日送来一车旺旺食品。送货单上标明：旺旺雪饼数量50箱，规格1×20袋（500克），单价22元/袋，金额440元/箱，生产日期2020年12月6日；旺旺烧米饼80箱，规格1×20袋（500克），单价32元/袋，金额640元/箱，生产日期2020年12月10日。这两种食品的保质期都为9个月。请问验收时应该对哪几个方面进行验收？

6. 某供应商于2021年3月8日发运一批旺旺食品至华达配送中心所在城市的某铁路货运站，根据协议由华达配送中心自行派车至铁路货运站接运并送至华达配送中心仓库。铁路运输单上标明：旺旺雪饼数量50箱，规格1×20袋（500克），单价22元/袋，金额440元/箱，生产日期2021年1月6日；旺旺烧米饼80箱，规格1×20袋（500克），单价32元/袋，金额640元/箱，生产日期2021年1月10日。铁路货运站验收时发现有5件商品破损。请问应由哪方承担责任？

7. 宏达贸易公司2021年5月20日使用自有货车运送一批康师傅红烧牛肉面至华达配送中心仓库。送货单：数量1 000箱，规格1×12盒（128克），单价2.8元/盒，金额33.6元/箱，生产日期2021年5月10日。验收时发现货物包装有3件水渍污染，2件破损。请问应由哪方承担责任？

8. 某供应商委托运输公司于2021年1月30日送来一批伊利酸奶。送货单：数量50件，规格为1×24盒（250毫升），单价2元/盒，金额48元/件，生产日期2021年1月25日，保质期21天。验收时发现货物包装有3件水渍污染。请问应由哪方承担责任？

9. 一供应商于2021年1月20日送来一批娃哈哈纯净水。送货单：数量600箱，规格1×24瓶（596毫升），单价0.8元/瓶，金额19.2元/箱，生产日期2021年1月10日，保质期12个月。你作为某配送中心的收货员，打算怎么验收这批货物？

10. 伊利牛奶公司于2021年1月30日送来一批伊利酸奶。送货单：数量50件，规格1×24盒（250毫升），单价2元/盒，金额48元/件，生产日期2021年1月20日，保质期21天。你作为某超市收货员，这批货物你能不能收？为什么？

11. 某供应商于2021年1月8日送来一车旺旺食品。送货单上标明：旺旺雪饼数量50箱，规格1×20袋（500克），单价22元/袋，金额440元/箱，生产日期2020年12月6日；旺旺烧米饼80箱，规格1×20袋（500克），单价32元/袋，金额640元/箱，生产日期2020年12月10日。这两种食品的保质期都为9个月，在收货时，发现其中有4件旺旺雪饼外包装破损，3件旺旺烧米饼外包装有水渍，你作为配送中心的收货员打算怎样处理这批有问题的货物？

12. 宏达贸易公司于2021年5月20日使用自有货车运送一批康师傅红烧牛肉面至某华达配送中心仓库。但是华达配送中心仓库没有收到该批产品的送货单和产品合格证。你作为华达配送中心的收货员，打算怎样处理这批货物？

任务清单2-3　物动量ABC分类

素养提升

> 安全运送物资数千次，行车160多万公里，开了26年的货车，陈志芳从未发生一起责任事故。他也因此被交通运输部、公安部、全国总工会评为"最美货车司机"。
>
> 每天出车前，陈志芳都要对车辆进行安全检查，绝不带"病车"上路。每一次出车任务，他都提前做好整个流程的规划，如何防范、如何应急，他心里都有本明白账。"这'账'算明白了，危险也会绕着走。"
>
> 陈志芳从不挑别运送任务好坏，无论是工作日还是节假日，只要公司有需要，他总是随叫随到。2019年2月，一批高强度船板订单要送至九江货运码头，时值隆冬又临近春节，来回一趟600多千米路，能否赶上回家吃团圆饭，不少人心里在"打鼓"，陈志芳毫不犹豫地说了句"我来吧"。
>
> 这已经是他在车上、路上度过的第9个除夕夜。在寂寞的公路上前行，陈志芳始终坚守一个信念：大家的利益永远高于个人小家的利益，用户的需求始终排在第一。
>
> 他没有惊天动地的丰功伟绩，有的是安全行车百万千米无事故的纪录；他没有慷慨激昂的豪言壮语，有的是风雨无阻、二十多年如一日的真诚奉献。同事敬佩他，货主信任他，凭着一股子敬业精神，陈志芳把车辆变成了流动窗口。
>
> 做好每一件小事，把关好货物运输质量，保证安全与速度，让客户满意，就是自己的责任。

一、任务情景

华信物流公司是一家主营快速消费品仓储配送的物流企业。企业运营部门有业务部和仓储部。仓储部有经理1名、副经理2名、班组长6名、仓管员23名、商品检验员12名（必要时可抽调仓管员担任检验员）、出库理货员52名、叉车驾驶员25名，搬运工（一般可进行堆码和手动托盘搬运及叉车、堆高车作业）采用临聘的方法，一般有60人左右。运营仓库有A仓库12 000平方米、B仓库12 000平方米和C仓库6 000平方米，其中A仓库和B仓库建有高1.2米的装卸月台。

华信物流公司A仓库规划了食品区、酒类区、办公用品区、日用品区等。此时，气候寒冷干燥。货物采用托盘货架储存，托盘尺寸为1 200毫米×1 000毫米，托盘高度100毫米，托盘重量20千克，货架承重400千克，货架每层高度1 500毫米，托盘上架作业的作业空间高度为300毫米以内。最近六周部分商品出库量如表2-3-1所示。

表2-3-1 部分商品出库量

货品名称	周报1/箱	周报2/箱	周报3/箱	周报4/箱	周报5/箱	周报6/箱
"晨光"文具	60	30	32	69	29	52
"王老吉"饮料	440	165	340	436	213	250
"怡宝"矿泉水	530	336	759	612	520	356
"伊利"牛奶	56	34	46	69	82	32
"康师傅"方便面	431	106	67	231	198	106
太阳帽	35	86	70	80	78	166
"宝洁"卷纸	49	142	54	50	93	50
"维达"纸巾	265	57	76	112	154	123
"鲁花"花生油	56	56	13	59	50	66
"奇妙"洗发水	69	44	58	67	56	48
"农夫"色拉油	12	37	75	18	46	45
毛线	31	39	25	35	25	22
"心相印"纸巾	45	55	27	43	56	66
"光明"酸奶	18	28	28	22	15	13
"长城"干白葡萄酒	36	24	20	5	14	16
"金锣"火腿肠	28	8	25	9	23	6

续表

货品名称	周报1/箱	周报2/箱	周报3/箱	周报4/箱	周报5/箱	周报6/箱
"六神"花露水	12	20	14	18	8	27
"五粮液"酒	38	4	13	13	13	13
"娃哈哈"AD钙奶	30	15	15	34	30	13
复印纸	20	19	23	21	15	15
"德芙"巧克力	15	8	22	5	25	20

二、任务目标

通过本任务的技能训练，能熟练掌握物动量 ABC 分类的方法和计算步骤，能够根据货物出库数量报表进行物动量 ABC 分类的计算。

三、任务要求

根据以上资料，对货物进行 ABC 分类。

四、任务实施

第一步，了解物动量 ABC 分类的相关知识

（一）ABC 分类法

ABC 分类法是将库存物品按照设定的分类标准和要求分为特别重要的物品（A 类）、一般重要的物品（B 类）和不重要的物品（C 类）三个等级，然后针对不同等级分别进行控制的管理方法。

淘金"黑色地带"：东大物流管理的做法和启示

（二）资金占用 ABC 分类标准

A 类物品：资金占用量占在库物品资金总量的 65%~80%，物品品目占在库总品目的 10%~15%。

C 类物品：资金占用量占在库物品资金总量的 5%~10%，物品品目占在库总品目的 65%~80%。

B 类物品：除去 A、C 类物品，其余为 B 类物品。

（三）物动量 ABC 分类标准

A 类物品：物动量占在库物品总物动量的 65%~80%，物品品目占在库总品目的 10%~15%。

C 类物品：物动量占在库物品总物动量的 5%~10%，物品品目占在库总品目的 65%~80%。

B 类物品：除去 A、C 类物品，其余为 B 类物品。

（四）A、B、C类物品库存控制原则

A类物品：是库存管理的重点对象，采取定量订货的方式，尽量减少安全库存，必要时采用紧急补货。

B类物品：若资金占用量接近A类物品，则以定量订货法为主，辅以定期订货法，适当提高安全库存；也可采用"三堆法"等简单的管理措施。

C类物品：采用简化的管理方式和较高的安全库存，减少订货次数；可用"双堆法"等简单的管理措施。

（五）A、B、C类物品货位优化原则

A类物品：存放于仓库最接近出货口的位置，放在货架的下层，紧邻通道。

B类物品：位置居中；

C类物品：存放于仓库中距离出货口的最远端，放在货架的上层，远离通道。

第二步，完成物动量ABC分类的计算

（1）根据货物出库周报表计算出库总量并排序。出库总量统计如表2-3-2所示。

表2-3-2 出库总量统计

货品名称	周报1/箱	周报2/箱	周报3/箱	周报4/箱	周报5/箱	周报6/箱	总数/箱
"怡宝"矿泉水	530	336	759	612	520	356	3 113
"王老吉"饮料	440	165	340	436	213	250	1 844
"康师傅"方便面	431	106	67	231	198	106	1 139
"维达"纸巾	265	57	76	112	154	123	787
太阳帽	35	86	70	80	78	166	515
"宝洁"卷纸	49	142	54	50	93	50	438
"奇妙"洗发水	69	44	58	67	56	48	342
"伊利"牛奶	56	34	46	69	82	32	319
"鲁花"花生油	56	56	13	59	50	66	300
"心相印"纸巾	45	55	27	43	56	66	292
"晨光"文具	60	30	32	69	29	52	272
"农夫"色拉油	12	37	75	18	46	45	233
毛线	31	39	25	35	25	22	177
"娃哈哈"AD钙奶	30	15	15	34	30	13	137
"光明"酸奶	18	28	28	22	15	13	124
"长城"干白葡萄酒	36	24	20	5	14	16	115
复印纸	20	19	23	21	15	15	113
"金锣"火腿肠	28	8	25	9	23	6	99

续表

货品名称	周报1/箱	周报2/箱	周报3/箱	周报4/箱	周报5/箱	周报6/箱	总数/箱
"六神"花露水	12	20	14	18	8	27	99
"德芙"巧克力	15	8	22	5	25	20	95
"五粮液"酒	38	4	13	13	13	13	94
总计							10 647

（2）对货物进行物动量 ABC 计算，结果如表 2-3-3 所示。

表 2-3-3　物动量 ABC 计算

货品名称	周报1/箱	周报2/箱	周报3/箱	周报4/箱	周报5/箱	周报6/箱	总数/箱	物动量/%	累计物动量/%	分类
"怡宝"矿泉水	530	336	759	612	520	356	3 113	29.24	29.24	A
"王老吉"饮料	440	165	340	436	213	250	1 844	17.32	46.56	
"康师傅"方便面	431	106	67	231	198	106	1 139	10.70	57.26	
"维达"纸巾	265	57	76	112	154	123	787	7.39	64.65	
太阳帽	35	86	70	80	78	166	515	4.84	69.49	
"宝洁"卷纸	49	142	54	50	93	50	438	4.11	73.60	B
"奇妙"洗发水	69	44	58	67	56	48	342	3.21	76.81	
"伊利"牛奶	56	34	46	69	82	32	319	3.00	79.81	
"鲁花"花生油	56	56	13	59	50	66	300	2.82	82.63	
"心相印"纸巾	45	55	27	43	56	66	292	2.74	85.37	
"晨光"文具	60	30	32	69	29	52	272	2.55	87.92	
"农夫"色拉油	12	37	75	18	46	45	233	2.19	90.11	
毛线	31	39	25	35	25	22	177	1.66	91.77	C
"娃哈哈"AD钙奶	30	15	15	34	30	13	137	1.29	93.06	
"光明"酸奶	18	28	28	22	15	13	124	1.16	94.22	
"长城"干白葡萄酒	36	24	20	5	14	16	115	1.08	95.30	
复印纸	20	19	23	21	15	15	113	1.06	96.36	
"金锣"火腿肠	28	8	25	9	23	6	99	0.93	97.29	
"六神"花露水	12	20	14	18	8	27	99	0.93	98.22	
"德芙"巧克力	15	8	22	5	25	20	95	0.89	99.12	
"五粮液"酒	38	4	13	13	13	13	94	0.88	100.00	
总计							10 647	100.00		

（3）A、B、C类货物的货位管理。

A类物品：存放于仓库最接近出货口的位置，放在货架的下层，紧邻通道。

B类物品：位置居中。

C类物品：存放于仓库中距离出货口的最远端，放在货架的上层，远离通道。

【做中学、学中做】技能强化训练

已知某公司最近四周的货物出库量如表2-3-4所示。

表2-3-4 货物出库量

货品编码/条码	货品名称	周报1/箱	周报2/箱	周报3/箱	周报4/箱
6902774003017	"金多多"婴儿营养米粉	42	78	93	57
6917878007441	"娃哈哈"AD钙奶	2 510	2 411	1 324	899
6918010061360	"脆香"饼干	550	456	645	353
6920855052068	"利鑫达"板栗	508	356	446	324
6920855784129	"小师傅"方便面	2 250	2 111	1 543	1 433
6920907800173	"休闲"黑瓜子	37	56	78	75
6932021061808	"神奇"松花蛋	386	135	212	122
6932021061822	"米老头"雪饼	690	467	765	352
6932021061839	"联广酶解"可可豆	430	332	235	241
6939261900108	"好娃娃"薯片	38	89	76	76

请对上表的商品按照物动量进行ABC分类。

任务清单2-4 编制托盘条码

素养提升

用举债经营模式带领驻马店公交走出困境，在中小城市公交行业率先提出"大公交"理念，以"愚公精神"为百姓争取更加优质的公交服务……坚守公交行业20余年，黄伟带领驻马店公交由最初的步履蹒跚到现在的快速发展。如今，驻马店已成为国家公交都市创建城市与河南省公交优先示范城市，驻马店公交更成为中小城市公交行业发展的标杆。

2014年，在河南省启动公交优先示范城市创建工作时，黄伟抢抓发展机遇，强化公交基础设施建设，开通与调整多条公交线路，驻马店城市建成区公交站点500米覆盖率达100%，公交专用道设置比率达38.3%，公交运营准点率达90%以上。黄伟还大力提升公交服务保障能力，加大智慧公交建设力度，不断建设人民满意公交，成为全省先进。

为保障市区周边农村居民"行有所乘"，2013年至2015年，黄伟对市区分属3家客运公司的近300辆农村客运车辆和90多辆出租车进行资源整合、统一管理，有效解决了驻马店市农村客运小散乱、服务质量差、市民不满意等问题。为了让全市人民都享受到最便捷经济的公交服务，黄伟把市区公交成熟的经营管理模式整体向下辖各县复制推广，以市级公交带动县级公交发展。"驻马店市县城市公交统筹发展"模式被列入驻马店市创建国家公交都市实施方案特色示范工程加以推进。

用心用力打造人民满意的公交品牌，尽全力惠及驻马店百姓，黄伟以实际行动践行着"公交为民发展"的铮铮誓言。

公交服务城市发展，保障市民满意出行，是首要目标，也是不懈追求。

一、任务情景

华信物流公司是一家主营快速消费品仓储配送的物流企业。企业运营部门有业务部和仓储部，仓储部有经理1名、副经理2名、班组长6名、仓管员23名、商品检验员12名（必要时可抽调仓管员担任检验员）、出库理货员52名、叉车驾驶员25名、搬运工（一般可进行堆码和手动托盘搬运，叉车及堆高车作业）采用临聘的方法，一般有60人左右。运营仓库有A仓库12 000平方米、B仓库12 000平方米和C仓库6 000平方米，其中A仓库和B仓库建有高1.2米的装卸月台。

华信物流公司A仓库规划了食品区、酒类区、办公用品区、日用品区等。此时，气候寒冷干燥。货物采用托盘货架储存，托盘尺寸为1 200毫米×1 000毫米，托盘高度100毫米，托盘重量20千克，货架承重400千克，货架每层高度1 500毫米，托盘上架作业的作业空间高度300毫米以内。入库任务单如表2-4-1所示。

表2-4-1 入库任务单

入库任务单编号：R20XX0511　　计划入库时间：到货当日

序号	商品名称	包装规格/毫米 (长×宽×高)	单价/(元·箱$^{-1}$)	重量 /千克	入库 /箱
1	"娃哈哈"AD钙奶	395×285×160	64	8	45
2	"龙徽"葡萄酒	460×260×252	378	11.4	22

续表

序号	商品名称	包装规格/毫米（长×宽×高）	单价/(元·箱$^{-1}$)	重量/千克	入库/箱
3	"顺心"奶嘴	448×276×180	100	8	27
4	婴儿湿巾	498×333×180	100	7	27

供应商：通达商贸有限公司。

二、任务目标

通过本任务的技能训练，掌握托盘条码的编码规则，能够熟练编制托盘条码。

三、任务要求

根据给定的任务情景，编制待入库的四种货物的托盘条码。
码制：Code39，8位，无校验码。
参考尺寸：100毫米×50毫米。

四、任务实施

第一步，了解编制托盘条码的相关知识

（一）条形码

条形码（Barcode）是将宽度不等的多个黑条和空白按照一定的编码规则排列，用以表达一组信息的图形标识符。常见的条形码是由反射率相差很大的黑条（简称条）和白条（简称空）排成的平行线图案。条形码可以标出物品的名称、生产国、制造厂家、生产日期、图书分类号、邮件起止地点、类别、日期等许多信息，因而在商品流通、图书管理、邮政管理等许多领域都得到了广泛应用。

常见的条形码有以下几种。

1. UPC（统一产品代码）

只能用来表示数字，有A、B、C、D、E五个版本，分为标准版和缩短版两种。标准版由12位数字构成，缩短版由8位数字构成，最后一位为校验位，宽1.5英寸（1英寸＝2.54厘米），高1英寸，而且背景要清晰，主要在美国和加拿大地区使用，用于工业、医药、仓库等部门。

当UPC作为12位进行解码时，第1位为数字标识，第2～6位为生产厂家的标识号（包括第1位），第7～11位为唯一的厂家产品代码，第12位为校验位。

2. Code 39

能表示字母、数字和其他一些符号，共43个字符。条形码的长度是可变化的，通常用"＊"号作为起始、终止符，不用校验码；用于工业、图书以及票证自动化管理上。

3. Code 128

表示高密度数据，字符串可变长，符号内含校验码；有三种不同版本（A、B、C），用于仓储、零售批发等场合。

4. Interleaved 2 of 5（I2 of 5）

只能表示数字0~9；可变长度；连续性条形码，所有条与空都表示代码，可应用于商品批发、仓库、机场、生产/包装识别等场合。

5. Codabar（库德巴码）

可表示数字0~9，字符$、+、-，还有只能用作起始/终止符的a、b、c、d四个字符；可变长度，没有校验位；可应用于物料管理、图书馆、血站和当前的机场包裹发送中。

6. PDF417（二维码）

多行组成的条形码，本身可存储大量数据，可应用于医院、物料管理和货物运输中。当条形码受到一定破坏时，错误纠正能使条形码正确解码。PDF417是讯宝（Symbol）科技公司于1990年研制的产品。它是一个多行、连续性、可变长、包含大量数据的符号标识。每个条形码有3~90行，每一行都有起始部分、数据部分、终止部分。它的字符集包括所有128个字符，最大数据含量是1850个字符。条形码类型如图2-4-1所示。

图2-4-1 条形码类型

（二）物流条码

物流条码是供应链中用以标识物流领域中具体实物的一种特殊代码，是整个供应链过程，包括生产厂家、配销业、运输业、消费者等环节的共享数据。它贯穿整个贸易过程，并通过物流条码数据的采集、反馈，提高整个物流系统的经济效益。

1. 物流条码的特点

与商品条码相比较，物流条码有以下特点。

（1）储运单元的唯一标识。

商品条码是最终消费品，通常是单个商品的唯一标识，用于零售业现代化的管理；物流条码是储运单元的唯一标识，通常标识多个或多种类商品的集合，用于物流的现代化管理。

（2）服务于供应链全过程。

商品条码服务于消费环节，商品一经出售到最终用户手里，商品条码就完成了其存在的价值。商品条码在零售业的 POS 系统中起到了单个商品的自动识别、自动寻址、自动结账等作用，是零售业现代化、信息化管理的基础。物流条码服务于供应链全过程，生产厂家生产出产品，经过包装、运输、仓储、分拣、配送，直到零售商店，中间经过若干环节，物流条码是这些环节中的唯一标识，因此它涉及更广，是多种行业共享的通用数据。

（3）信息多。

通常，商品条码是一个无含义的 13 位数字条码；物流条码则是一个可变的，可表示多种含义、多种信息的条码，是无含义的货运包装的唯一标识，可表示货物的体积、重量、生产日期、批号等信息，是贸易伙伴根据在贸易过程中共同的需求，经过协商统一制定的。

（4）可变性。

商品条码是一个国际化、通用化、标准化的商品的唯一标识，是零售业的国际化语言；物流条码是随着国际贸易的不断发展，贸易伙伴对各种信息需求的不断增加应运而生的，其应用在不断扩大，内容也在不断丰富。

（5）维护性。

物流条码的相关标准是一个需要经常维护的标准。及时沟通用户需求，传达标准化机构有关条码应用的变更内容，是确保国际贸易中物流现代化、信息化管理的重要保障之一。

2. 物流条码类型

（1）EAN-13 条码（标准版商品条码）：参见中国国家标准 GB12904《商品条码 零售商品编码与条码表示》。

（2）ITF-14 条码。

ITF 条码是一种连续形、定长、具有自校验功能，并且条、空都表示信息的双向条码。ITF-14 条码的字符集、字符的组成与交叉二五码相同。它由矩形保护框、左侧空白区、条码字符、右侧空白区组成。

（3）UCC/EAN-128 应用标识条码。

UCC/EAN-128 应用标识条码是一种连续形、非定长条码，能更多地标识贸易单元中需表示的信息，如产品批号、数量、规格、生产日期、有效期、交货地等。

UCC/EAN-128 应用标识条码由应用标识符和数据两部分组成，每个应用标识符由 2 位到 4 位数字组成。条码应用标识的数据长度取决于应用标识符。UCC/EAN-128 条码由双字符起始符号、数据符、校验符、终止符及左、右侧空白区组成。

UCC/EAN-128 应用标识条码是使信息伴随货物流动的全面、系统、通用的重要商业手段。

第二步，完成编制托盘条码的相关工作

（1）根据任务情景确定托盘条码编码码制。

根据任务情景，确定码制为：Code39，8 位，无校验码。

（2）编码规则根据实际情况自定。

本书编制的托盘条码第1、2位代表仓库编号，第3、4位代表托盘大小编号，第5、6、7、8位代表托盘顺序号。

本任务情景中的托盘代码如表2-4-2所示。

表2-4-2 托盘代码

托盘尺寸/毫米	代码
1 200×1 000	01
1 200×800	02
1 219×1 016	03
1 140×1 140	04
1 100×1 100	05

（3）编制托盘条码。

本任务情景中，编制好的托盘条码如表2-4-3所示。

表2-4-3 编制托盘条码

序号	商品名称	包装规格/毫米 （长×宽×高）	托盘条码
1	"娃哈哈" AD钙奶	395×285×160	01010001
2	"龙徽" 葡萄酒	460×260×252	01010002
3	"顺心" 奶嘴	448×276×180	01010003
4	婴儿湿巾	498×333×180	01010004

【做中学、学中做】技能强化训练

华信物流公司即将入库三种货物，入库货物信息如表2-4-4所示。请分别用Code128码和Code39码编制托盘条码。

表2-4-4 入库货物信息

货品编码/条码	货品名称	包装规格/毫米（长×宽×高）	数量
6918010061360	"脆香" 饼干	353×235×180	56
6920907800173	"休闲" 黑瓜子	448×276×180	35
6932021061839	"联广酶解" 可可豆	316×211×180	53

任务清单 2-5　绘制货物组托示意图

素养提升

> 2019 年 3 月 9 日上午，山东交运集团济宁高速运业有限公司客车驾驶员刘延让像往常一样，驾驶着载有 38 名乘客的客车执行济南至临沂的客运任务。正值高速公路车辆通行高峰期，一名歹徒突然将一瓶开水泼向驾驶中的刘延让，并连续多次以重拳击打其头部，试图抢夺客车方向盘。从军多年练就的坚韧、日复一日形成的安全驾驶习惯让刘延让脑海中只有一个信念——无论如何也要握紧方向盘。头部被烫伤，他强忍着剧痛，与歹徒展开激烈争夺，竭尽全力使车辆保持正常行驶的状态。最终，他与热心乘客共同制服了歹徒，保障了全车人的安全。
>
> 危急关头，刘延让专业规范的处置、沉着冷静的应对、教科书般的应急操作，保障了乘客的生命安全。平日里，刘延让对工作的认真，近乎"痴干"。
>
> 15 年来，他在济南至临沂的客运道路上走了 8 000 多个来回，每次出车前、收车后，他都会一丝不苟地检查车况、默记路况。闲暇时，他总是反复钻研车辆构造，凡是他接过来的车辆，有什么毛病瞬间就能找准"病灶"。
>
> 心系乘客，热心助人。刘延让还曾为行车途中突然自燃的小型客车灭火化解危险，也曾脚踩厚达 40 厘米的路面积雪，徒步 8 千米为 47 名困在高速公路 16 小时的乘客背回食物、饮用水。自 2006 年以来，刘延让共收到乘客表扬电话 130 个、表扬信 61 封、锦旗 22 面。
>
> "我手里握着的不仅仅是方向盘，更是无数家庭的幸福和平安。"刘延让说。

一、任务情景

华信物流公司是一家主营快速消费品仓储配送的物流企业。企业运营部门有业务部和仓储部。仓储部有经理 1 名、副经理 2 名、班组长 6 名、仓管员 23 名、商品检验员 12 名（必要时可抽调仓管员担任检验员）、出库理货员 52 名、叉车驾驶员 25 名、搬运工（一般可进行堆码和手动托盘搬运及叉车、堆高车作业）采用临聘，一般有 60 人左右。运营仓库有 A 仓库 12 000 平方米、B 仓库 12 000 平方米和 C 仓库 6 000 平方米，其中 A 仓库和 B 仓库建有高 1.2 米的装卸月台。

华信物流公司 A 仓库规划了食品区、酒类区、办公用品区、日用品区等。此时，气候寒冷干燥。货物采用托盘货架储存，托盘尺寸为 1 200 毫米×1 000 毫米，托盘高度 100 毫米，托盘重量 20 千克，货架承重 400 千克，货架每层高度 1 500 毫米，托盘上架作业的作业

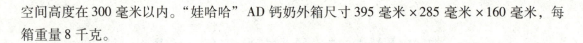

空间高度在 300 毫米以内。"娃哈哈" AD 钙奶外箱尺寸 395 毫米×285 毫米×160 毫米,每箱重量 8 千克。

二、任务目标

通过本任务的技能训练,掌握货物码放的规则,学会计算码放层数,学会绘制奇数层和偶数层组托图。

三、任务要求

根据任务情景,对"娃哈哈" AD 钙奶进行组托设计,绘制该商品码托奇、偶层示意图。

四、任务实施

第一步,了解货物组托的相关知识

(一)组托的概念

组托就是为了提高托盘利用率和仓库空间利用率并方便库内装卸搬运,以托盘为载体把单件商品单元化的过程。

(二)货物组托的要求

(1)堆码整齐。
(2)货物品种不混堆,规格型号不混堆,不同生产厂商不混堆,批号不混堆。
(3)堆码合理、牢固。要求奇偶压缝、旋转交错、缺口留中、整齐牢固。
(4)不能超出货架规定的高度。
(5)货物包装物边缘不允许超出托盘边缘 20 毫米。
(6)货物不允许出现倒置情况。

(三)组托的方式和方法

在仓储作业中,可进行同一规格的单品组托,也可进行不同规格的多品组托。单品组托比较容易做到整齐、美观、牢固,但较难做到托盘利用率的最大化;多品组托由于存在不同规格的包装物组合码放,托盘的空间较容易得到最大化利用,但难以做到整齐、美观、牢固,而且需要给予适当合理的加固。

常用的单品组托方法有以下三种。

1. 重叠式

重叠式是指各层码放方式相同,上下对应,层与层之间不交错堆码。重叠式组托如图 2-5-1 所示。

优点:操作简单,工人操作速度快,适于自动化码盘,包装物四个角和边重叠垂直,承压能力大。

缺点:层与层之间缺少咬合,稳定性差,容易发生塌垛。

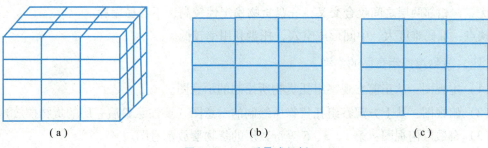

图 2-5-1 重叠式组托

(a) 主视图；(b) 奇数层俯视图；(c) 偶数层俯视图

2. 正反交错式

正反交错式是指每一层与相邻两边的包装体互为 90 度，同一层上下两层的堆码相差 180 度。正反交错式组托如图 2-5-2 所示。

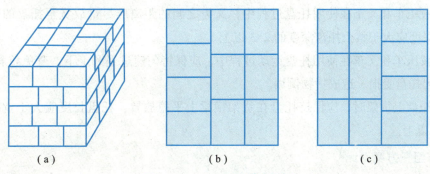

图 2-5-2 正反交错式组托

(a) 主视图；(b) 奇数层俯视图；(c) 偶数层俯视图

优点：不同层间咬合强度较高，相邻层次之间不重缝，稳定性较高。

缺点：操作较麻烦，人工操作速度慢。

3. 旋转交错式

旋转交错式是指同一层中不同列货品以 90 度垂直码放，相邻两层货物码放形式旋转 180 度。旋转交错式组托如图 2-5-3 所示。

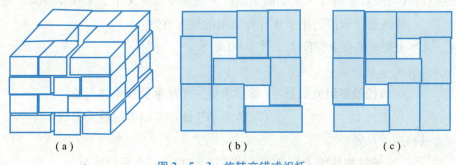

图 2-5-3 旋转交错式组托

(a) 主视图；(b) 奇数层俯视图；(c) 偶数层俯视图

优点：相邻两层之间咬合交叉，托盘货物稳定性较高，不容易塌垛。

缺点：堆码难度大，中间形成空穴，托盘利用率较低。

（四）货物组托示意图的类型

（1）主视图：从正前方观察组托货物所绘制的示意图。

（2）俯视图：从上方观察组托货物所绘制的示意图（要注意最后一层的货物摆放）。

（3）奇数层俯视图：第1、3、5等奇数层的货物摆放示意图。

（4）偶数层俯视图：第2、4、6等偶数层的货物摆放示意图。

（五）组托加固的方式和方法

为了保证托盘上的货物在装卸搬运和储存过程中不散落，需要对组合码放好的托盘进行加固处理。最常用的加固处理方法是用拉伸膜加固和包装带加固，或者选择柱式托盘和箱式托盘。

（六）托盘与叉车、货架等配合使用应注意的问题

（1）液压车和叉车在使用托盘过程中，叉齿之间的距离应尽量放宽至托盘的进叉口边缘，进叉深度应大于整个托盘深度的2/3以上。

（2）液压车和叉车在使用托盘运动过程中，应保持匀速进退和上下，避免急刹、急转，否则易引起托盘受损、造成货物倒塌。

（3）托盘上货架时，应保持托盘在货架横梁上平稳放置，托盘长度应大于货架横梁外径50毫米以上。

（七）组托方案设计

1. 确定码放规则

$$托盘每层最多摆放数量 = 托盘面积/货物底面积$$

根据托盘面积计算出每层最多码放箱数作为参考，实际每层最多码放数量要根据货物组托要求和组托方式来决定。

确定好的码放规则要实现托盘利用率最大化，并尽量做到奇偶层间压缝，做到整齐、牢固、美观。

2. 确定码放层数

码放层数 =（每层货架高度 − 货架横梁高度 − 托盘厚度 − 叉车上架作业空间）/货物外包装高度（取值为小于该计算结果的最大整数）

通常，叉车上架时的作业空间大于等于90毫米。

3. 计算每托最多码放数量

$$每托最多码放数量 =（货位承重 − 托盘重量）/单体毛重$$

（取值为小于该计算结果的最大整数）

4. 确定最终所需托盘数量

$$该批物品所需托盘数 = 物品总量/单位托盘码放数量$$

（取值为大于该计算结果的最小整数）

5. 绘制组托示意图

用文档工具或专业绘图工具绘制组托示意图,托盘尺寸和货物尺寸按比例绘制,并在图中标识。

6. 为示意图配上合适的文字说明

用文字说明每种商品所需托盘的个数和每个托盘的堆码层数。

第二步,完成绘制组托示意图的相关工作

根据任务情景绘制货物组托示意图。

(1) 确定码放层数。

根据材料可知:托盘尺寸为 1 200 毫米 × 1 000 毫米,托盘高度 100 毫米,托盘重量 20 千克,货架承重 400 千克,货架每层高度 1 500 毫米,托盘上架作业的作业空间高度在 300 毫米以内;"娃哈哈" AD 钙奶外箱尺寸 395 毫米 × 285 毫米 × 160 毫米,每箱重量 8 千克。计算高度公式:货物码放高度 = 货位高度 − 托盘高度 (100 毫米) − 安全预留 (300 毫米)。按照合理、整齐、牢固、节约的原则进行货物组托设计。

"娃哈哈" AD 钙奶在托盘上码放的长、宽、高及重量数据如下所示:

长:395 × 3 = 1 185(毫米),小于 1 200 毫米;

285 × 4 = 1 140(毫米),小于 1 200 毫米;

宽:285 × 2 + 395 = 965(毫米),小于 1 000 毫米;

不超高可堆码层数:1 500 − 100 − 300 = 1 100(毫米),

1 100/160 ≈ 6(层);

不超重可堆码箱数:(400 − 20)/8 ≈ 47(箱)

因每层能码箱数:(1 200 × 1 000) ÷ (395 × 285) = 10(箱)

不超重时只能码 5 层,第 5 层仅码放 7 箱。

(2) 绘制"娃哈哈" AD 钙奶托盘码放奇、偶示意图(见图 2 − 5 − 4)。

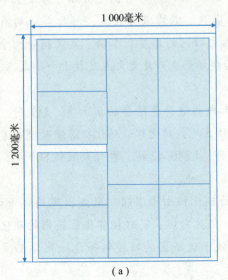
(a)

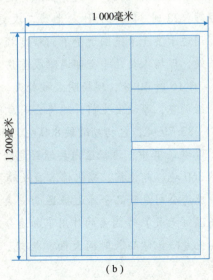
(b)

图 2 − 5 − 4 "娃哈哈" AD 钙奶托盘码放奇、偶层示意图

(a) 奇数层俯视图;(b) 偶数层俯视图

【做中学、学中做】技能强化训练

华信物流公司收到一份入库通知单,计划入库物品为"龙徽"葡萄酒,外箱尺寸为460毫米×260毫米×252毫米,堆码层限6层,共456箱。该公司的货架层高为1 350毫米,横梁高为120毫米,托盘尺寸为1 200毫米×1 000毫米×160毫米,叉车上架时的作业空间不小于90毫米。

请计算该货物的码放层数并绘制奇数层和偶数层组托示意图。

任务清单2-6 上架存储货位图绘制

"8·12"天津港特大火灾爆炸事故

2015年8月12日22时51分46秒,位于天津市滨海新区天津港的瑞海公司危险品仓库发生火灾,随后引发两次剧烈爆炸,事故造成165人遇难、8人失踪、58人重伤、740人轻伤,直接经济损失68.66亿元,并造成周边空气、水和土壤等环境不同程度污染。

8月12日22时51分46秒,瑞海公司危险品仓库运抵区集装箱发生火灾,公安消防部门接警后组织灭火,但火势猛烈并迅速蔓延,23时34分06秒,危险品仓库发生第一次爆炸,23时34分37秒发生第二次更剧烈的爆炸。爆炸威力巨大,河北多地均有震感,周边十多千米范围遭受不同程度损失,爆炸中心区的房屋、车辆、集装箱等几乎全被摧毁,现场人员几乎全部遇难或重伤。爆炸后现场形成六处大火点及数十个小火点,8月14日16时40分,现场明火被扑灭。

经调查,事故发生前,瑞海公司危险品仓库内共储存危险货物7大类、111种,共计11 383.79吨,包括硝酸铵800吨,氰化钠680.5吨,硝化棉、硝化棉溶液及硝基漆片229.37吨。其中,运抵区内共储存危险货物72种、4 840.42吨,包括硝酸铵800吨,氰化钠360吨,硝化棉、硝化棉溶液及硝基漆片48.17吨。

瑞海公司危险品仓库运抵区南侧集装箱内的硝化棉由于湿润剂散失出现局部干燥,在高温(天气)等因素的作用下加速分解放热,极热自燃,引起相邻集装箱内的硝化棉和其他危险化学品长时间大面积燃烧,导致堆放于运抵区的硝酸铵等危险化学品发生爆炸。

1. 事故原因

（1）瑞海公司违法生产。

①未批先建、边建边经营危险货物堆场。在未取得立项备案、规划许可、消防设计审核、安全评价审批、环境影响评价审批、施工许可等必需的手续的情况下，在现代物流和普通仓储区域违法违规自行开工建设危险货物堆场改造项目，且边建设边经营。

②无证违法经营。2014年1月12日至4月15日、2014年10月17日至2015年6月22日共11个月的时间里既没有批复，也没有许可证，违法从事港口危险货物仓储经营业务。

③以不正当手段获得经营危险货物批复。

（2）瑞海公司违规作业。

①违规存放硝酸铵。硝酸铵应实行直装直取，不允许在港内存放。

②严重超负荷经营、超量存储。瑞海公司2015年月周转货物约6万吨，是批准月周转量的14倍多。

③违规混存、超高堆码危险货物。不仅将不同类别的危险货物混存，而且间距严重不足，违规超高堆码现象普遍，4层甚至5层的集装箱堆垛大量存在。

（3）日常安全管理不到位。

①安全生产教育培训严重缺失。部分装卸管理人员没有取得港口相关部门颁发的从业资格证书，无证上岗。该公司部分叉车司机没有取得危险货物岸上作业资格证书，没有经过相关危险货物作业安全知识培训，对危险品防护知识的了解仅限于现场不准吸烟、车辆要有防火帽等，对各类危险物质的隔离要求、防静电要求、事故应急处置方法等均不了解。

②未按规定制定应急预案并组织演练。瑞海公司未按规定对理化性质各异、处置方法不同的危险货物制定针对性的应急处置预案；未组织员工进行应急演练；未履行与周边企业的安全告知书和安全互保协议。事故发生后，没有立即通知周边企业采取安全撤离等应对措施，使周边企业的员工不能第一时间撤离，导致人员伤亡情况加重。

2. 事故启示

安全是天，是不可逾越的红线。出现重大安全事故对企业的打击是致命的，生命财产损失、社会影响等不可估量，常常会导致一个企业的倒闭。"党政同责、一岗双责、失职追责"是我国对落实安全责任的要求。目前，追责和问责力度空前，没有一个责任人和责任单位可以幸免。各级领导必须进一步提高认识，增强责任感、危机感，做到任何决策都不能牺牲安全，凡事都想着安全。

一、任务情景

配送中心仓储部门现收到一批货品的入库任务单2份,入库任务单如表2-6-1和表2-6-2所示。

表2-6-1 入库任务单1

入库任务单编号:R10062301 计划入库时间:到货当日

序号	商品名称	包装规格/毫米 (长×宽×高)	单价 /(元·箱$^{-1}$)	重量 /千克	入库数量 /箱
1	"金多多"婴儿营养米粉	295×245×240	400	18	32
2	"蜂圣牌"蜂王浆冻干粉片	395×295×275	260	16	30
3	"好娃娃"薯片	455×245×200	80	20	50

表2-6-2 入库任务单2

入库任务单编号:R10062302 计划入库时间:到货当日

序号	商品名称	包装规格/毫米 (长×宽×高)	单价 /(元·箱$^{-1}$)	重量 /千克	入库数量 /箱
1	"金多多"婴儿营养米粉	295×245×240	400	18	32
2	"蜂圣牌"蜂王浆冻干粉片	395×295×275	260	16	30
3	"利鑫达"板栗	330×235×240	240	35	60

已知货物的物动量:"蜂圣牌"蜂王浆冻干粉片属于C类,"金多多"婴儿营养米粉属于B类,"好娃娃"薯片和"利鑫达"板栗属于A类。

货位信息如下:

1. 货架规格

2排2列4层。货位参考尺寸:如2 300×900×1 230(毫米),双货位(标准货位)。

货位条码编制规则为库区、排、列、层4号定位法,如01030101,代表的信息是1号库区第3排第1列第1层。

2. 货位存储信息

第1排货架存储信息如图2-6-1所示。

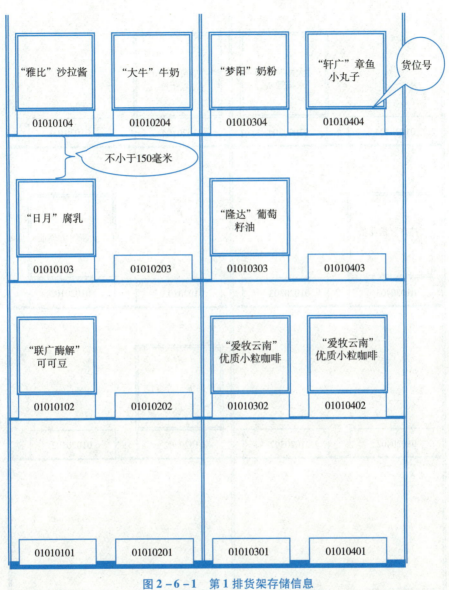

图2-6-1 第1排货架存储信息

第2排货架存储信息如图2-6-2所示。

二、任务目标

通过本任务的技能训练，掌握货物上架的货位安排，能够熟练绘制货位图。

三、任务要求

将"金多多"婴儿营养米粉、"蜂圣牌"蜂王浆冻干粉片、"好娃娃"薯片、"利鑫达"板栗放到相应货架上，以托盘式货架的排为单位，将货位存储情况反映在存储示意图上，在相应货位上标注货物名称。

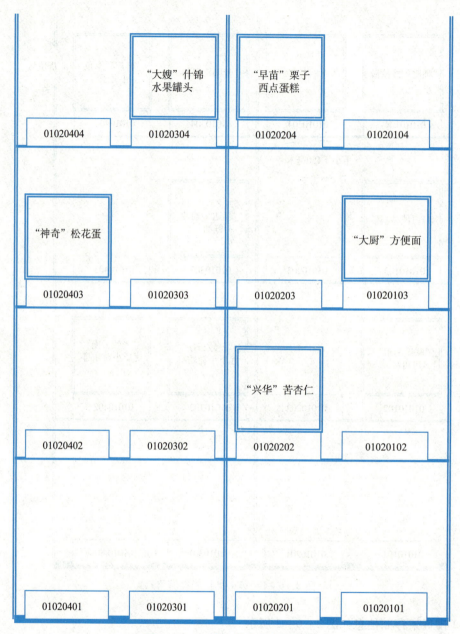

图 2-6-2　第 2 排货架存储信息

四、任务实施

第一步，了解存储货位的相关知识

（一）货位分配

货位分配就是指在储存空间、储存设备、储存策略、储位编码等一系列前期工作准备就绪之后，把货物分配到最佳的货位上。正确的

鲁抗医药优化
物流管理运作模式

货位分配可以为仓库提高作业效率并降低成本,增加货品吞吐量,改善劳动力的使用情况,减少工伤,更好地利用空间和减少产品破损。

货位分配包含两层意义:一是为出/入库的货物分配最佳货位(因为可能同时存在多个空闲的货位),即入库货位分配;二是要选择待出库货物的货位(因为同种货物可能同时存放在多个货位里)。货位分配考虑的原则有很多,专门用于仓储的立体仓库,其货位分配原则有以下几条。

1. 上轻下重原则

即根据货物重量选择摆放位置。把重的货物放在下层,把轻的货物放在货架上层。需要人工搬运的大型货物以腰部的高度摆放。这样可以提高效率、保证安全。

2. 优先靠近出入口原则

即根据出入库频率选定位置。出入库频率高的货物应放在靠近出入口、易于作业的地方;流动性差的货物放在离出入口较远的地方;季节性货物按季节特性来选定摆放位置。

3. 先进先出原则

一般企业为了加快周转,采取先进先出原则。即同种货物出库时,先入库的物资,需要先提取出库,以加快物料周转,从而避免因货物长期积压产生锈蚀、变形、变质及其他损坏造成的损失。因此在货位分配时要方便先进物品优先出库。

4. 同类物品集中原则

同一品种同一地方保管。为提高作业效率和保管效率,同一货物或类似货物应在同一地方保管,以提高仓储工作效率。

5. 多巷道分布原则

货位分配应提高可靠性。分巷道存放是指一仓库有多个巷道时,同种物品分散在不同的巷道进行存放。这种货位分配原则可以防止因某巷道堵塞影响某种货物的出库,以免造成生产中断。

货位分配除了需要遵循以上原则之外,还要注意以下事项。

(1) 尽量提高仓储空间利用率。

仓储空间的规划,首先要分类,了解使用方向,接着评估其在各方面的权重取舍,评估有了权重之比后再设计布置。如果仓库空间已受限无法进行规划变更,就要寻找方法把现有的仓储空间利用到极限。

(2) 多从物品存放的安全性角度考虑。

为防止破损,保证安全,应使用合适的仓储货架;仓库内货物存放必须符合消防安全规定,并配置足够的消防灭火器材。

(3) 留足作业工具的操作空间。

在进行货位分配时,要从物流工具(液压车、叉车、升降机)等作业工具的操作空间进行考虑,一般物流设备作业宽度要大于0.5米。

(4) 明白货架存放标准。

货位分配需要从货架受力恒载荷、受力活载荷、竖向冲击载荷、风载荷、抗震裂度等方面进行考虑,按照货架可承受能力分配货位。

(二) 货物上架

货物上架是指合理利用货架和叉车,使货物安全准确入库入位。常用的上架工具有电动叉车、平衡动力叉车、堆高机、拖车等。

货物上架时应注意分类摆放。

下层适合摆放重货或出入库频次高的货物,货物重量不得超过货架实际载重量;中层适合摆放一般货物或出入库频次居中的货物,货物重量不得超过货架实际载重量;上层适合摆放轻泡货或出入库频次较低的货物,货物重量不得超过货架实际载重量。

(三) 货物上架摆放原则

按照尺码纵向摆放货物时,同类货物必须摆在一起,将货物的标识朝外,以便查找。

向双面取货的货架上摆放货物时可视同为两个单面货架摆放,从两面向中间摆放货物,存货位上存放货物的外侧面必须规范整齐,成一平面,不得超出层板的边线。

仓库货架调整需要在安检人员监督下进行,以保证货架安全。

(四) 上架设备操作规则

叉车、堆高机等司机必须是专业司机,或经过上岗培训合格后才能操作车辆,须按照库房规定的路线行驶,避免交通堵塞,保证物畅其流。

第二步,完成绘制上架存储货位图的相关工作

根据任务情景,完成上架存储货位图绘制。

(1) 根据物动量确定货物的储存层数。

"蜂圣牌"蜂王浆冻干粉片属于 C 类,应储放在高层货位;"金多多"婴儿营养米粉属于 B 类,应储放在中层货位;"好娃娃"薯片和"利鑫达"板栗属于 A 类,应储放在低层货位。

(2) 分配货位并绘制上架存储货位图。

分配好的第 1 排货架存储信息如图 2-6-3 所示。

分配好的第 2 排货架存储信息如图 2-6-4 所示。

(3) 上架货物。

利用叉车或堆高机把货物存放到相应的货位上。

【做中学、学中做】技能强化训练

德班物流公司受宏达食品公司的委托,将 35 箱康师傅香菇炖鸡面(桶装)和 43 箱王老吉(罐装)运往仓库。历史统计信息显示,康师傅香菇炖鸡面(桶装)属于出入库频次较低的货物,王老吉(罐装)属于出入库频次较高的货物,在对入库货物的存储进行货位选择时要适当考虑到货物的物动特性。

现仓库的货架存储信息如图 2-6-5 和图 2-6-6 所示。

请把入库货物均存放在重型货架上。

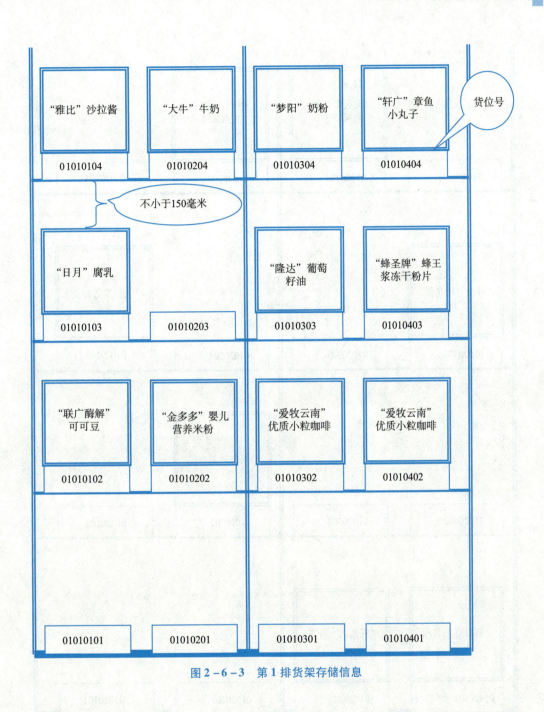

图 2-6-3　第 1 排货架存储信息

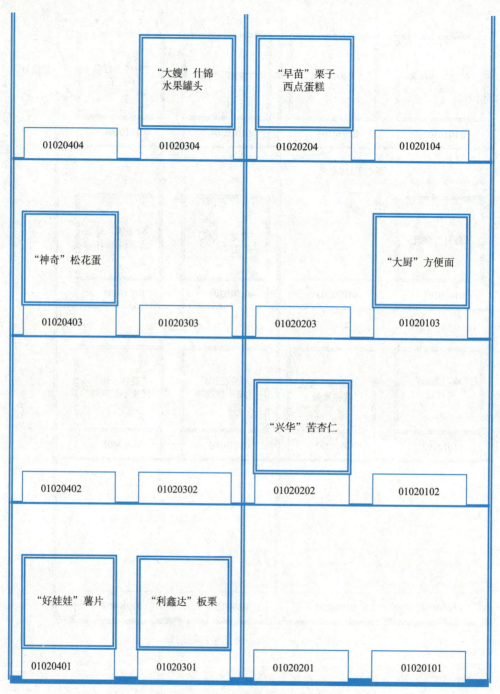

图 2-6-4　第 2 排货架存储信息

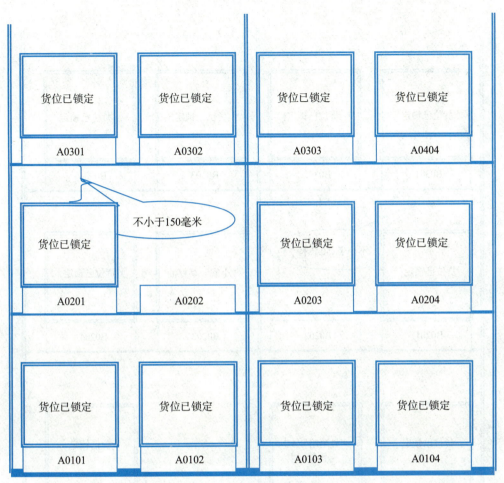

图 2-6-5 货架存储信息 1

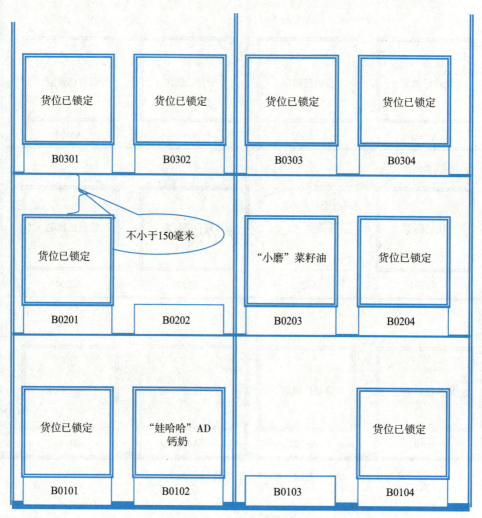

图 2-6-6 货架存储信息 2

项目 2　入库作业设计

任务清单 2-7　就地堆码存储区规划

素养提升

> 北京机务段动车组司机李东晓的成名，始自京津城际铁路时速 350 千米动车组的试运行。在他的人生履历当中，单是围绕着"高速动车组"这个主题，就有许多个"第一"：他是北京机务段第一批由电力机车司机考取 200 千米时速动车组驾驶证的先行者；他是第一批由 200 千米动车组转型学习 350 千米动车组的司机；他驾驶着 CRH3 型 001 号动车组，在京津城际铁路试运行期间，跑出了 394.3 千米/小时的"中国第一速度"。
>
> 按照规定，京津城际铁路一个单程用时 30 分钟。细心的李东晓把 30 分钟折分成 1 800 秒！他在脑海里无数次演算着每秒时间覆盖多少米线路的答案。在充分考虑坡道、弯道、道岔以及风力阻力等多种限速条件的基础上，李东晓编制的"CRH3 型动车组 1 800 秒操纵法"经过不断完善，目前已经成为京津城际铁路的"行车指南"，按照这个操纵办法行车，动车组不会"掉速度"，不会发生责任晚点。
>
> 据了解，从 2008 年 8 月 1 日京津城际开通至 2016 年，高铁正点率保持在 99.2%。与此同时，坐在车上的旅客会感到很平稳、很舒服。最重要的是，李东晓这套操纵要领，在保障列车高速运行的同时不会影响安全。

一、任务情景

某仓库建筑面积为 10 000 平方米，地坪载荷为 2 000 千克/平方米，库高 4.8 米。现该库收到一入库通知单，如表 2-7-1 所示。

表 2-7-1　入库通知单

入库时间：　年　月　日

入库编号	品名	包装规格/毫米	包装材料	单体毛重/千克	包装标志限高/层	入库总量/箱	备注
00014352	五金工具	400×250×320	杨木	48	5	2 400	

二、任务目标

通过本实训任务，掌握就地堆码的方法，能够熟练计算垛宽、垛长、垛高以及储位面积。

三、任务要求

如果该批物品入库后码垛堆存，你作为仓库主管，请计算出至少需要多大面积的储位；如果仓库可用宽度受限仅为 5 米，请计算出计划堆成重叠堆码的平台货垛的垛长、垛宽及垛高各为多少箱。

四、任务实施

第一步，了解堆码的相关知识

（一）物品的堆码

堆码是指将物品整齐、规则地摆放成货垛的作业（根据 GB/T18354—2006《物流术语》）。它根据物品的性质、形状、轻重等因素，结合仓库储存条件，将物品堆码成一定的货垛。

物品堆码应在分析物品的数量、包装、清洁程度、属性的基础上，遵循合理、牢固、定量、整齐、节约、方便等方面的基本要求。

（1）合理。

搬运活性合理、分垛合理、垛型合理、重量合理、间距合理、顺序合理。

（2）牢固。

适当选择垛底面积、堆垛高度和垫衬材料，提高货垛的稳定性，保证堆码的牢固、安全、不偏不歪、不倚不靠（不倚靠墙、柱）和物品不受损害。

（3）定量。

为便于检查和盘点，能使保管人员过目成数，在物品堆码时，垛、行、层、包等数量力求整数，每垛应有固定数量，通常采用"五五堆码"。对某些过磅称重物品不能成整数时，必须明确地标出重量，分层堆码，或成捆堆码，定量存放。

（4）整齐。

堆垛排列整齐有序，同类物品垛型统一，形成良好的库容。货垛横成行、纵成列，物品包装上的标志一律朝外，便于查看和拣选。

（5）节约。

坚持一次堆码，减少重复作业；爱护苫垫物，节约备品用料，降低消耗；充分利用空间，节省货位，提高仓库空间利用率。

（6）方便。

便于装卸搬运，便于收发保管，便于日常维护保养，便于检查点数，便于灭火消防，利于物品保管和安全。

（二）物品堆码方式

1. 散堆方式

散堆是指将无包装的散货在仓库或露天货场上堆成货堆的存放方式。这种堆码方式简单，便于采用机械设备装卸、堆码，节省包装费用和运费。这种方式特别适用于大宗散货。

2. 货架方式

该方式是使用通用和专用的货架进行物品堆码的方式。这种堆码方式能够提高仓库空间利用率，减少差错，加快存取，适合存放小件物品、怕压或不宜堆高的货物。

3. 成组堆码方式

这种方式是先采用成组工具（托盘、集装袋、吸塑等）将货物组成一组，使其堆存单元扩大，然后用装卸机械成组搬运、装卸、堆码。这种堆码方法适合于小件但不宜单独采用机械装卸的货物。

4. 垛堆方式

这种堆码方式是指直接利用货物或其包装外形进行堆码。这种堆码方式能够增加货垛高度，提高仓库利用率；能够根据货物的形状和特性的需要和货位的实际情况，把货垛堆码成各种样式，以利于保护货物质量。垛堆方式是应用最为广泛的、样式最为繁多的一种堆码方式。其常用的方式主要有以下几种：重叠式货垛、纵横交错式货垛、仰俯相间式货垛、压缝式货垛、通风式货垛、栽桩式货垛等，如图2-7-1所示。

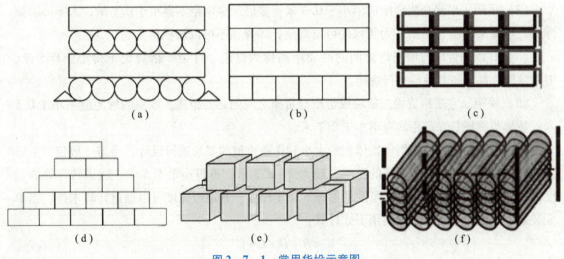

图 2-7-1 常用货垛示意图

(a) 重叠式货垛；(b) 纵横交错式货垛；(c) 仰俯相间式货垛；
(d) 压缝式货垛；(e) 通风式货垛；(f) 栽桩式货垛

（三）货垛堆码标准

不同货物的货垛堆码要求、垫垛高度、货垛高度、垛底面积、主通道与支通道宽窄、货垛的五距都有一些差别。一般货垛堆码标准如下。

1. 货垛的垛高

货垛的垛高会直接影响仓库的容量、安全和货垛的稳定性。普通货物货垛的垛高主要受货物性质和包装的影响；轻泡货的垛高主要受仓库空间高度的影响；而重货的垛高受仓库地坪载荷的影响；有一些货物因其自身承重和包装层数限制而影响垛高。所以在确定垛高时要综合考虑仓库空间高度、仓库地坪设计载荷及货物自身特性和包装对垛高的要求等指标。

$$H = \min \{H_{地坪}, H_{货高}, H_{库高}\}$$

式中：H——货垛高度；

$H_{地坪}$——地坪载荷允许货垛高度；

$H_{货高}$——物品包装允许堆高高度；

$H_{库高}$——仓库空间允许货垛高度。

实际货垛高度（H）具体由 $H_{地坪}$、$H_{货高}$、$H_{库高}$ 三个指标共同确定，选用三者中的最小值，这样才能在保证库场地坪安全以及物品本身不会损坏的前提下实现仓库空间利用的最大化。

2. 货垛的"五距"

货物的堆码要保持通常所说的货垛"五距"，即墙距、柱距、顶距、灯距和垛距。"五距"的主要作用有通风、防潮、散热、安全、方便。

（1）墙距。库内货垛与隔断墙之间的墙距不得小于 0.3 米；外墙距不得小于 0.5 米。

（2）柱距。货垛或货架与库房内支撑柱子之间应留有不小于 0.2~0.33 米的距离。

（3）顶距。平房仓库顶距应不小于 0.3 米；多层库房顶距不得小于 0.5 米；人字形屋架库房，以屋架下檐（横梁）为货垛的可堆高度，即垛顶不可以触横梁。

（4）灯距。货垛与照明灯之间的必要距离称为灯距。灯距严格规定不得小于 0.5 米，但对危险物品应按其性质另行规定。

（5）垛距。它是指货垛与货垛或货架与货架之间的必要距离。库房的垛距应不小于 0.5 米；货架与货场货垛间距均应不小于 0.7 米。

仓库通道的宽度应根据货物体积的大小和作业机械的要求进行设计，通道一般包括主通道和支通道以及副道。主通道的宽度一般为 2~3.5 米，不得小于 1.5 米。通道转弯处的宽度，根据货物和作业机械要求可酌情考虑。叉车作业，其通道宽度可以通过计算求得，当单元装载的宽度小于长度时可利用下式计算：

$$W = R + D + L + C$$

式中：W——通道宽度（主通道或支通道）；

R——叉车外侧转弯半径；

D——物品至叉车轴中心线的距离；

L——物品长度；

C——叉车操作余量。

副道是供作业人员存取搬运货物的行走通道。其宽度取决于作业方式和货物的大小。一般情况下，副道的宽度为 0.5 米左右。

货垛堆码必须满足仓库消防规定，不能倚墙靠柱，不能与屋顶照明设备接触，与墙、柱、顶、灯之间应保留适当距离，货垛相互间也不能挤得太紧，同时应保证货垛堆码时避开排水沟。

（四）平置库货位准备

根据入库计划，仓库人员应在货物到达前将存储的位置和所需的货位面积予以确定。

1. 确定存储位置

确定货物存储的位置主要考虑平置库平面布局、货物在库时间、货物物动量高低等关键因素。如高物动量的货物在库时间一般较短，所以高物动量的货物应放置在离通道或库门较近的地方。

2. 确定存储所需的货位面积

确定货物所需货位面积必须考虑的因素包括仓库的可用高度、仓库地面载荷、货物包装物所允许的堆码层数以及物品包装物的长、宽、高。

计算占地面积的公式如下：

$$单位包装物面积 = 长 \times 宽$$

$$单位面积重量 = 单位商品毛重 \div 单位面积$$

可堆层数从净高考虑：

$$层数\ a = 库高 \div 箱高$$

可堆层数从地坪载荷考虑：

$$层数\ b = 地坪单位面积最高载荷量 \div 单位面积重量$$

$$可堆层数 = \min\{层数\ a，层数\ b\}$$

$$占地面积 = (总件数 \div 可堆层数) \times 单位包装物面积$$

第二步，按任务要求完成相关计算

单位包装物面积 = 400 × 250 = 0.1（平方米）

单位面积重量 = 48 ÷ 0.1 = 480（千克）

可堆层数从净高考虑：

层数 a = 4.8 ÷ 0.32 = 15（层）

可堆层数从包装标志限高考虑：

层数 b = 5（层）

可堆层数从地坪载荷考虑：

层数 c = 2 000 ÷ 480 = 4.17 ≈ 4（层）

可堆层数 = min{层数 a，层数 b，层数 c} = min{15，5，4} = 4（层）

占地面积 = (2 400 ÷ 4) × 0.1 = 60（平方米）

垛宽 = 5 ÷ 0.25 = 20（箱）

垛长 = 60 ÷ 5 ÷ 0.4 = 30（箱）

垛高 = 4（箱）

答：至少需要60平方米的储位。如仓库可用宽度受限仅为5米，堆成重叠堆码的平台货垛垛长30箱、垛宽20箱、垛高4箱。

【做中学、学中做】技能强化训练

入库通知

今收到供货商发来入库通知单,计划到货日期为明天上午 10 点,内容如下:

品名:五金工具　包装规格:500 毫米×300 毫米×1 200 毫米

包装材质:松木单体　毛重:50 千克

包装标识限高:4 层　数量:3 600 箱

如果此批货物露天堆存,你作为仓库管理员,请计算出至少需要多大面积的储位。如果目标存储区域地坪载荷为 2 吨/平方米,可堆垛宽度限制为 5.0 米,计算出计划堆成的货垛的垛长、垛宽及垛高各为多少箱。

注:垛型要求为重叠堆码的平台垛。

项目 3　出库作业设计

 知识目标

1. 能够叙述货物出库的依据和出库的形式，复述货物出库的要求；
2. 掌握货物出库的要求，并在此基础上了解出库的原则；
3. 了解货物出库作业的基本流程。

 技能目标

1. 能结合出库任务合理选择和使用各种设施设备；
2. 掌握出库作业的操作要领、基本技能和作业细节，能解决货物出库中的实际问题；
3. 能制定与填写出库单、拣选单等各种单据。

 素质目标

1. 培养学生安全、文明、高效的工作态度；
2. 培养学生团队协作、互相尊重的精神；
3. 培养学生公正、客观的诚信品质；
4. 培养学生自主学习的能力和创新精神。

任务清单 3-1　出库作业流程

 素养提升

吴畏是一位从基层成长起来的优秀民营企业家。在稳定发展物流业务的同时，他带

> 领实泰物流有限公司由简单提供货运配载服务的站点企业，迅速成长为按现代化物流标准模式运行的第三方物流公司，进入国家物流百强行列。
>
> 他斥资10亿元建立湖南家电物流中心，并将其打造成中南五省最大的家电物流园，带动长株潭区域经济的发展。在吴畏的发展规划中，园区后期发展战略以建设高新技术产业为主导，以物流分拨为纽带，最终打造成现代化新兴生态化产业园区。
>
> 多年来，他积极参与政府主导的再就业工程，吸纳大量下岗和再就业职工上岗，解决残疾人就业问题，为地方经济社会发展做出贡献。
>
> 他坚持"以人为本"，培养优秀的现代物流管理人才，公司70%以上员工为具有大中专学历的现代物流管理人才。
>
> 吴畏在实泰物流工作的20多个春秋里严于律己、以身作则，是一位具有强烈事业心和责任感，为实泰物流付出了全部的好带头人。

一、任务情景

宏兴配送中心是一家主要为周边超市提供配送服务的物流企业。企业运营部门有业务部和仓储部。仓储部有经理1名、副经理2名、班组长6名、仓管员23名、商品检验员12名（必要时可抽调仓管员担任检验员）、出库理货员52名、叉车驾驶员25名，搬运工采用临聘的方法，一般有60人左右。配送中心划分为入库作业区、储存区、拣选作业区（分为整箱货物自动分拨区和拆零货物电子标签货架摘果式拣选区）、货物待发区；主要设施设备有整箱货物自动分拨系统、电子标签货架拣选系统、电动平衡叉车、手动托盘搬运叉车、电动托盘搬运叉车、升降平台、双面四向托盘和单面双向托盘（规格尺寸为1 200毫米×1 000毫米）等。

2021年4月6日上午9时，宏兴配送中心收到芙蓉兴盛新安店订单，订单如表3-1-1所示。宏兴配送中心每天平均收到大约1 500份订单，这些订单需要的货品大多一致。

表3-1-1 订单

供货单位：宏兴配送中心			订单编号：D20210406123		
订货单位：芙蓉兴盛新安店			送货时间：2021-04-06下午4点		
订货单位联系人：张三			送货地址：经开区新安103号		
序号	名称	单位	数量	单价/元	金额/元
1	蜂王浆冻干粉片	盒	20	20	400
2	"诚诚"油炸花生仁	箱	3	140	420
3	"兴华"苦杏仁	包	20	30	600
4	"小师傅"方便面	箱	6	50	300
5	黄桃水果罐头	瓶	10	8	80

续表

序号	名称	单位	数量	单价/元	金额/元
6	"龙牌"板鸭	袋	3	50	150
7	"丹丹牌"象牙牙签	盒	20	15	300
总计					2 250
	经办人：李四			负责人：王五	

二、任务目标

通过本任务的技能训练，熟练掌握出库作业的基本流程和相关要求。

三、任务要求

请设计并说明货物出库的流程，绘制货物出库流程图。

四、任务实施

第一步，了解出库的相关知识

（一）出库的原则

（1）先进先出的原则。按先进先出发货，同时要做到保管条件差的先出，包装简易的先出，容易变质的先出，有保管期限的先出，循环回收的先出。

江苏太仓：耐克中国物流中心建成"风光一体化"零碳智慧园区

（2）出库凭证和手续必须符合要求。出库凭证有涂改、复制、伪造、收货单位与提货人不一致、各种印鉴不合规定、单据超过提货有效期、单据重复打印出库等情况时，仓管员应及时联系货主并查询单据的合法性，保护货主和公司的财产不受侵犯。

（3）出库不能当天办完，需要分批处理的，应该办理分批处理的手续。

（4）对于近效期产品、失效产品、变质产品，以及没有使用价值的产品，在没有特殊批准的情况下，坚决不能出库，应销毁或者作为废品处理的例外。不能以次充好。

（5）遇到促销、出口等紧急情况，货物出库必须符合仓储管理的有关规定。仓管员未经授权不能自行操作。

（二）出库的要求

货物出库要求做到"三不、三核、五检查"（见图3-1-1）。"三不"即未接单据不登账、未经审单不备货、未经复核不出库；"三核"即在发货时，要核对凭证、核对账卡、核对实物；"五检查"即对单据和实物要进行品名检查、规格检查、包装检查、件数检查、重量检查。具体来说，货物出库要严格执行各项规章制度，积极与客户联系，为客户提供、创造各种便利条件，杜绝差错事故，使客户满意，从而提高服务质量。

（三）出库的流程

出库作业流程（见图3-1-2）具体内容如下。

图 3-1-1 "三不、三核、五检查"

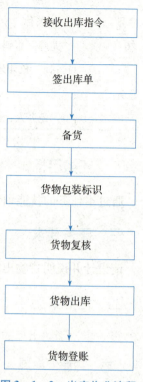

图 3-1-2 出库作业流程

1. 接收出库指令

仓库人员收到销售部门发来的发货通知单,仓库人员对发货通知单的时间、签名是否完整、正确性进行复核。

2. 签出库单

仓库主管收到发货单后,审核发货单填写是否符合标准、发货手续是否齐全,然后签发出库单。

3. 备货

出库人员核对出库单,进行备货。

4. 货物包装标识

在备好货后,出库人员将货物按照装运的需要进行包装,并在明显处添加标识。

5. 货物复核

为避免备货出错,出库人员对已备好的待运货物进行复核。

6. 货物出库

出库人员和提货人再次复核,复核无误后,办理相应的货物交接手续,出库人员和提货人均在发货单上签名。

7. 货物登账

出库人员在出库完毕后,在出入库台账上对出库货物进行登账处理。

(四)出库的方式

货物出库的方式有送货、收货人自提、过户、取样、转仓等5种,如图3-1-3所示。

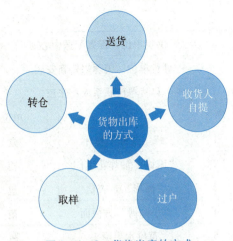

图3-1-3 货物出库的方式

1. 送货

送货是指仓库管理部门直接把货物送到需用部门的一种物品发放方式。仓库根据货主单位的出库通知或出库请求,通过发货作业把应发货物交由运输部门送达收货单位或使用仓库自有车辆把货物运送到收货地点的发货形式,就是通常所称的送货制。

仓库送货具有多方面的好处:仓库可预先安排作业,缩短发货时间;收货单位可避免因人力、车辆等不便而发生的取货困难;在运输上,可合理使用运输工具,减少运费。

2. 收货人自提

这种发货形式是由收货人或其代理持取货凭证直接到仓库取货,仓库凭单发货。仓库发货人与提货人可以在仓库现场划清交接责任,当面交接并办理签收手续。它具有"提单到库、随到随发、自提自运"的特点。自提方式是货物发放的重要方式。

3. 过户

过户是一种就地划拨的形式,货物实物并未出库,但是所有权已从原货主转移到新货主的账户中。仓库必须根据原货主开出的正式过户凭证,才可办理过户手续。过户凭证可以代替新存货人的入库凭证,仓库据此向其开出储存凭证,并另建新的货物明细保管账。对原存货人来说,过户凭证相当于其出库凭证,仓库据此进行货物出库账务处理。

4. 取样

货主由于商检或样品陈列等需要,到仓库提取货样(通常要开箱拆包、分割抽取样本)。仓库必须根据正式取样凭证发出样品,并做好账务记载。

5. 转仓

转仓是指货主为了业务方便或改变储存条件,将某批货物自甲库转移到乙库。仓库也必须根据货主单位开出的正式转仓单,办理转仓手续。转仓分为内部转仓和外部转仓。内部转仓须填制仓储企业内部的转仓单,并据此发货;外部转仓则根据货主填制的货物转仓单结算和发货。

第二步,完成出库的相关工作

(一)接收出库指令

仓库管理人员审核提货人提交的发货通知单(见表3-1-2),核对提货人、货物名称、提货数量、包装规格等信息是否准确,审核提货单位签章是否清晰、合法、有效。

表3-1-2 发货通知单

供货单位：宏兴配送中心			订单编号：D20210406123		
订货单位：芙蓉兴盛新安店			送货时间：2021-04-06下午4点		
订货单位联系人：张三			送货地址：经开区新安103号		
序号	名称	单位	数量	单价/元	金额/元
1	蜂王浆冻干粉片	盒	20	20	400
2	"诚诚"油炸花生仁	箱	3	140	420
3	"兴华"苦杏仁	包	20	30	600
4	"小师傅"方便面	箱	6	50	300
5	黄桃水果罐头	瓶	10	8	80
6	"龙牌"板鸭	袋	3	50	150
7	"丹丹牌"象牙牙签	盒	20	15	300
总计					2 250
经办人：李四			负责人：王五		

（二）签出库单

仓库主管收到发货通知单后，审核填写是否符合标准、发货手续是否齐全，然后签发出库单生成整箱货物拣选单（见表3-1-3）、零散货物拣选单（见表3-1-4）。

表3-1-3 整箱货物拣选单

拣选单号：J20210406123			拣选时间：2021年4月6日上午11点		
顾客名称：芙蓉兴盛新安店			拣选员：张三		
订单编号：D20210406123			出货时间：2021年4月6日		
序号	储位编号	商品编码	商品名称	单位	数量	备注
1	H1010305		"诚诚"油炸花生仁	箱	3	
2	H1020213		"小师傅"方便面	箱	6	

表3-1-4 零散货物拣选单

拣选单号：J20210406123			拣选时间：2021年4月6日上午11点		
顾客名称：芙蓉兴盛新安店			拣选员：李四		
订单编号：D20210406123			出货时间：2021年4月6日		
序号	储位编号	商品编码	商品名称	单位	数量	备注
1	H2021203		蜂王浆冻干粉片	盒	20	
2	H2020213		"兴华"苦杏仁	包	20	
3	H3010203		黄桃水果罐头	瓶	10	

续表

序号	储位编号	商品编码	商品名称	单位	数量	备注
4	H3030302		"龙牌"板鸭	袋	3	
5	H3010101		"丹丹牌"象牙牙签	盒	20	

（三）备货

出库人员核对出库单，进行备货，拣货人员按照拣选单到拣货区提取货物，集中搬运到待发货区。

（四）货物包装标识

在备好货后，出库人员将货物按照装运的需要进行包装，并在明显处添加标识。

（五）货物复核

为避免备货出错，出库人员对已备好待运的货物进行复核。

（六）货物出库

出库人员和提货人再次复核，复核无误后，办理相应的货物交接手续，出库人员和提货人均在发货单上签名。

（七）货物登账

出库人员在出库完毕后，在出入库台账上对出库货物进行登账处理。

绘制货物出库流程图，如图 3-1-4 所示。

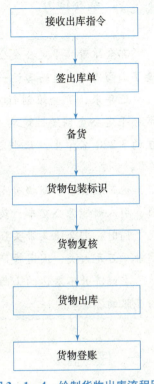

图 3-1-4　绘制货物出库流程图

【做中学、学中做】技能强化训练

某物流中心接到客户订单（见表 3-1-5）。出库方式为送货上门，请叙述商品的出库流程，并绘制出库流程图。

表 3-1-5　客户订单汇总

客户名称	需求品种及数量			
	Acer	宏碁商务机	东芝	IBM
甲	3	2	3	1
乙	2	3	3	3
丙	1	4	4	5
丁	3	3	4	4
戊	3	3	4	3

任务清单 3-2　订单审核

素养提升

> 郭金维带领平定公交公司从零起步，让78条公交客运线路开进平定的乡镇村落，创造了山西省城乡道路客运一体化的"平定经验"。
>
> 近年来，郭金维创新公交运营管理制度，带动公司收入和服务水平同步提升。他带领平定公交创造性地实施"公交车免费接送寄宿学生上下学"政策，惠及202个村庄的3 220名学生，让平定公交真正成为当地百姓心中的"方便车""贴心车""民心车"。
>
> 他带领公司不断提升管理水平，实现GPS卫星定位系统全覆盖，严格培训司乘人员，引入新能源公交车，获评"全国交通运输节能减排贡献企业"。
>
> 同时，郭金维又带头强化科技管理，创新考核制度，使企业年度总收入逐年上升，突破千万元大关，固定资产达到4 000多万元，实现了社会效益和经济效益双赢的目标。
>
> 在经济并不发达的山西省平定县，郭金维用他的探索为城乡客运良性发展书写了一份亮眼的答卷。

一、任务情景

万家乐超市于2021年3月9日向华达配送中心发出了采购订单（见表3-2-1），采购部经理张山签字，华达配送中心于2021年3月10日接收到该订单，请判断此订单是否有效，并说明理由。

表3-2-1　万家乐超市采购订单

供货单位：华达配送中心　交货时间：2021-3-9　下单日期：2021-3-9

订单号	2021030118	送达单位		万家乐超市
货物种类	物品名称		包装单位	数量
食品	"康师傅"方便面		箱	20
	"娃哈哈"矿泉水		箱	10

制单人：刘艳　主管：张山

二、任务目标

通过本任务的技能训练，熟练掌握订单审核的相关知识。

三、任务要求

请判断此订单是否有效，并说明理由。

四、任务实施

第一步，了解订单审核的相关知识

订单处理作业是指从接到客户订货开始到准备着手拣货为止的作业阶段，是配送中心顺利实施业务活动的第一步。订单处理是与客户直接沟通的作业阶段，将对后续的拣选作业、调度和配送产生直接影响。

接到客户订单后，首先要对订单的内容进行详细确认，以保证订单的正确性。

（一）订单的确认

订单的确认主要有四个方面的内容。
（1）商品名称、数量、日期的确认。
（2）客户信用的确认。
（3）订单价格的确认。
（4）加工包装的确认。

（二）订单的审核

仓库接到出库凭证后，必须对出库凭证进行审核。须审核的内容如下。
（1）审核出库凭证的合法性、真实性。
（2）核对货物的名称、型号、规格、单价、数量和提货日期等有无错误。
（3）检查出库凭证有无涂改、污损现象。
（4）核对签章、提货人身份等。

审核无误后方可组织出库作业，否则应拒绝发货。

第二步，完成订单的分析工作

（一）无效订单的分析角度

无效订单的内容可以从以下方面去分析。
（1）订单所需货物配送中心没有。
（2）订单金额错误。
（3）订单所需货物数量大于库存数量。
（4）订单客户信誉度太低。
（5）订单客户未付款。
（6）订单客户未签字或签字无效。

(7) 订单联系方式错误。

(8) 订单日期错误。

(9) 订单送货地点错误。

（二）结论

根据任务情景的说明，万家乐超市的订单上交货时间为2021年3月9日，而华达配送中心于2021年3月10日才收到该订单，订单收到的日期超过了交货日期，故订单无效。

【做中学、学中做】技能强化训练

1. 万家乐超市于2021年3月7日向华达配送中心发出了采购订单，采购部经理张山不在，仓管员李华签字。华达配送中心于2021年3月7日接收到该订单，请判断此订单是否有效，并说明理由。万家乐超市采购订单如表3-2-2所示。

表3-2-2 万家乐超市采购订单

供货单位：华达配送中心　　　　交货时间：2021-3-9　　　　下单日期：2021-3-7

订单号	2021030118	送达单位	万家乐超市	
货物种类	物品名称		包装单位	数量
食品	"康师傅"方便面		箱	20
	"娃哈哈"矿泉水		箱	10

制单人：刘艳　　主管：李华

2. 万家乐超市于2021年3月7日向华达配送中心发出了采购订单，采购部经理张山签字。华达配送中心于2021年3月7日接收到该订单，但是"康师傅"方便面严重缺货，且万家乐超市不同意使用替代品，请判断此订单是否有效，并说明理由。万家乐超市采购订单如表3-2-3所示。

表3-2-3 万家乐超市采购订单

供货单位：华达配送中心　　　　交货时间：2021-3-9　　　　下单日期：2021-3-7

订单号	2021030118	送达单位	万家乐超市	
货物种类	物品名称		包装单位	数量
食品	"康师傅"方便面		箱	20
	"娃哈哈"矿泉水		箱	10

制单人：刘艳　　主管：张山

任务清单3-3 客户的优先权分析

素养提升

> 陕西省平利县鑫农客运有限公司车队队长朱祥成,是第三届"运输服务风范人物"。十几年来,他驾驶客车往返在平利县海拔最高、坡最陡、弯最急的高寒山区乡镇道路上。"我要做得更好才能不负荣誉。"朱祥成说。2020年疫情发生后,朱祥成制作疫情防控相关横幅标语,挂在自己的班线客车上,并将该车作为疫情应急保障车,与车队部分驾驶员参加当地疫情应急执勤工作。此外,他还带领车队驾驶员捐款购买方便面、矿泉水等,慰问所在乡镇一线防疫执勤点的工作人员。2021年6月30日,朱祥成带领团队把班线客运升级为城乡公交,由每日运行10趟次增加到22趟次,方便4万多城乡居民出行。
>
> 榜样的力量在延续,品牌的影响力在扩大,更多的先进事迹和经验将在提升运输服务品质的过程中被挖掘。

一、任务情景

现代配送中心信息员张三将收到的订单按照填写完整、无涂改、有合法人员签字盖章、没有超过处理时间等初审原则审核合格后,录入电脑。他先根据客户订单信息确认各种货物的订货数量,再根据入库任务单和货架存储信息表查找各种货物的库存量信息,检查是否缺货,然后将找到的信息填入库存分配表(见表3-3-1)。

表3-3-1 库存分配表

序号	商品名称	单位	客户名称				订货数量	库存数量	结余	缺货数量
			客户1	客户2	客户3	客户4				
1	"康师傅"方便面	箱	3	2	7	7	19	25	6	0
2	"娃哈哈"矿泉水	箱	2	8	6	10	26	21	-5	5
3	红花籽油	箱	6	4	4	7	21	25	4	0
4	"金龙鱼"花生油	箱	5	10	9	6	30	30	0	0
5	"巧玲珑"面	箱	10	2	10	5	27	30	3	0
6	"君山"毛尖	箱	9	9	1	7	26	30	4	0

根据库存分配表可知,"娃哈哈"矿泉水缺货5箱,需要进行客户优先权分析。张三找到客户的相关资料,分别如表3-3-2~表3-3-5所示。

表 3-3-2　客户 1 详细资料

客户编号		2008020212			
公司名称		1 号店		助记码	YH
法人代表	张红	家庭地址	长沙市开福区佳和家园×-×-×××	联系方式	36357796
证件类型	营业执照	证件编号	12021675478921	营销区域	长沙市开福区
公司地址	长沙市开福区		邮编	830000	联系人	吴国福
办公电话	28653212	家庭电话	45338506	传真号码	28654897
电子邮箱	yihao@126.com	QQ 账号	3753885316	MSN 账号	yihao@msn.com
开户银行	新华商业银行		银行账号	86439896420421	
公司性质	民营	所属行业	零售业	注册资金	800 万元	经营范围	食品、办公用品
信用额度	150 万元	忠诚度	高	满意度	较高	应收账款	143 万元
客户类型		重点型		客户级别	A

表 3-3-3　客户 2 详细资料

客户编号		2009012311			
公司名称		2 号店		助记码	EH
法人代表	李文和	家庭地址	长沙市芙蓉区枫林别墅××号	联系方式	23212018
证件类型	营业执照	证件编号	120213789341238	营销区域	长沙市芙蓉区
公司地址	长沙市芙蓉区		邮编	830000	联系人	李凯
办公电话	82641893	家庭电话	37827463	传真号码	24264180
电子邮箱	erhao@126.com	QQ 账号	738496216	MSN 账号	erhao@msn.com
开户银行	工商银行		银行账号	1566331510296580	
公司性质	民营	所属行业	零售业	注册资金	300 万元	经营范围	食品、日用百货
信用额度	9 万元	忠诚度	一般	满意度	高	应收账款	8.98 万元
客户类型		普通型		客户级别	B

表 3-3-4　客户 3 详细资料

客户编号		2003020216			
公司名称		3 号店		助记码	SH
法人代表	陈小明	家庭地址	长沙市天心区滨海街渔光家园×-×××	联系方式	68560698
证件类型	营业执照	证件编号	120213432567876	营销区域	长沙市天心区
公司地址	长沙市天心区		邮编	830000	联系人	王林

续表

办公电话	38293647	家庭电话	53468679	传真号码	38293600
电子邮箱	sanhao@126.com	QQ 账号	575967882	MSN 账号	sanhao@hotmail.com
开户银行	招商银行		银行账号		93725289031384
公司性质	民营	所属行业	零售	注册资金	300 万元	经营范围	日用品、食品
信用额度	10 万元	忠诚度	一般	满意度	低	应收账款	9.8 万元
客户类型		普通型		客户级别		C	

表 3-3-5　客户 4 详细资料

客户编号		2003041201			
公司名称		4 号店		助记码	SH
法人代表	董华	家庭地址	长沙市岳麓区红旗家园×-×-×××	联系方式	68669123
证件类型	营业执照	证件编号	120219278369890	营销区域	长沙市岳麓区
公司地址		长沙市岳麓区	邮编	830000	联系人	王大
办公电话	67530877	家庭电话	63520555	传真号码	67530445
电子邮箱	sihao@126.com	QQ 账号	263820344	MSN 账号	sihao@126.com
开户银行		农业银行		银行账号	62839047352
公司性质	中外合资	所属行业	商业	注册资金	1 000 万元	经营范围	食品、办公用品
信用额度	200 万元	忠诚度	高	满意度	高	应收账款	198 万元
客户类型		伙伴型		客户级别		A	

请根据以上资料，对客户进行优先权分析。

二、任务目标

通过本实训任务，能够根据客户往来信息熟练掌握客户优先权分析的步骤、分析方法，并能够熟练地进行客户优先权分析。

三、任务要求

请根据以上资料，对客户进行优先权分析。

四、任务实施

第一步，了解客户优先权分析的相关知识

（一）客户优先权分析

当多个客户针对某一货物的要货量大于该货物的库存量时，应对客户进行优先等级划分，以确定各自的分配量。

（二）客户优先权分析步骤

（1）根据客户的要货量和货物库存量确定是否存在缺货现象。如果缺货，不能给所有客户配送商品，则需要进行客户优先权分析，判断优先配送的客户；如果不缺货，则不需要进行客户优先权分析。

（2）查阅有效订单客户的档案信息，选取能够反映客户状况的信息，如客户类型、客户级别、忠诚度、满意度等指标。

（3）对选取的各项指标进行赋值。如果企业有规定则按照规定赋值；没有明确说明的，可以按照以下几个标准赋值。

客户类型可分为母公司、伙伴型、重点型、普通型、一般型，分别赋值5、4、3、2、1。

客户级别可分为A、B、C，分别赋值3、2、1。

忠诚度可分为高、较高、一般、较低、低，分别赋值2、1、0、-1、-2。

满意度可分为高、较高、一般、较低、低，分别赋值2、1、0、-1、-2。

对选取的各种指标，应根据指标对企业的重要性赋予权重。如果有规定的，则按照规定赋予权重；没有明确说明的，可以按照以下几个标准赋予权重。

客户类型：0.4。

客户级别：0.3。

忠诚度：0.2。

满意度：0.1。

（4）计算各个客户的总得分，并按照得分的高低排序。

第二步，完成客户优先权分析的相关工作

（1）查阅有效订单客户的档案信息，选取客户类型、客户级别、忠诚度、满意度4项指标，将信息填入客户信息表（见表3-3-6）。

表3-3-6　客户信息表

客户名称	客户类型	客户级别	忠诚度	满意度
客户1	重点型	A	高	较高
客户2	普通型	B	一般	高
客户3	普通型	C	一般	低
客户4	伙伴型	A	高	高

（2）参照表3-3-7~表3-3-10所示的赋值标准给各项指标赋值，并根据表3-3-11所示的指标赋值标准给各项指标赋予权重。

表 3-3-7 客户类型赋值标准

客户类型	母公司	伙伴型	重点型	普通型	一般型
赋值标准	5	4	3	2	1

表 3-3-8 客户级别赋值标准

客户级别	A	B	C
赋值标准	3	2	1

表 3-3-9 客户忠诚度赋值标准

忠诚度	高	较高	一般	较低	低
赋值标准	2	1	0	-1	-2

表 3-3-10 客户满意度赋值标准

满意度	高	较高	一般	较低	低
赋值标准	2	1	0	-1	-2

表 3-3-11 指标赋值标准

权重	客户类型	客户级别	忠诚度	满意度
赋值标准	0.4	0.3	0.2	0.1

(3) 计算分析，将分析的结果填入客户优先权分析表（见表 3-3-12）。

表 3-3-12 客户优先权分析表

客户名称	客户类型 (0.4)	客户级别 (0.3)	忠诚度 (0.2)	满意度 (0.1)
客户 1	3	3	2	1
客户 2	2	2	0	2
客户 3	2	1	0	-2
客户 4	4	3	2	2

(4) 计算得分，其公式为：

$$总分 = \sum 各项得分 \times 各项权重$$

具体的计算得分为：

客户 1 的总分 = 0.4 × 3 + 0.3 × 3 + 0.2 × 2 + 0.1 × 1 = 2.6

客户 2 的总分 = 0.4 × 2 + 0.3 × 2 + 0.2 × 0 + 0.1 × 2 = 1.6

客户 3 的总分 = 0.4 × 2 + 0.3 × 1 + 0.2 × 0 + 0.1 × (-2) = 0.9

客户 4 的总分 = 0.4 × 4 + 0.3 × 3 + 0.2 × 2 + 0.1 × 2 = 3.1

(5) 按照得分从高到低排序，客户优先级别为：客户 4 > 客户 1 > 客户 2 > 客户 3。

【做中学、学中做】技能强化训练

1. 湘润超市地址：芙蓉区远大路53号；法人：周丹；联系方式：0371-81234567；邮箱：1234567。与湘通配送中心签订了日配协议，要求每天早上5点按前一天晚上的订单送货。湘润超市所在地只容许1.5吨的货柜车通过。湘通配送中心现有配送路线四条，分别为芙蓉区路线、雨花区路线、岳麓区路线、开福区路线。经调查研究，湘通配送中心根据贡献值把湘润超市的客户等级定为B级，信用级别考核定为2级，客户编号4321。请替湘通配送中心建立客户档案（见表3-3-13）。

表3-3-13　客户档案

项目	资料	备注
客户名称		
客户编号		
所在地址		
法人姓名		
联系方式		
客户等级		
信用级别		
配送路线		
配送类型		
配送车辆类型		

2. 现代配送中心信息员刘艳收到一批订单，她将收到的订单按照填写完整、无涂改、有合法人员签字盖章、没有超过处理时间等初审原则审核合格后，录入电脑。她根据客户订单信息查找各种货物的订货数量，根据入库任务单和货架存储信息表查找各种货物的库存量信息，发现"康师傅"方便面缺货3箱。请根据客户档案信息对客户进行优先权分析。客户档案如表3-3-14~表3-3-17所示。

表3-3-14　客户1档案

客户编号		K2003020216				
公司名称		德福公司		助记码		MF
法人代表	赵光明	家庭地址	天津市海河区滨海街渔光家××-×××	联系方式		022-33557890
证件类型	营业执照	证件编号	120213432567876	营销区域		京津塘
公司地址		天津市海河区裕美大厦××-×-×	邮编	321349	联系人	王彬

续表

办公电话	022-38293647	家庭电话	022-53468679	传真号码	022-38293600
电子邮箱	meifu@126.com	QQ账号	505967892	MSN账号	meifu@hotmail.com
开户银行	招商银行海河支行		银行账号		93725289031384
公司性质	民营	所属行业	零售	注册资金	300万元	经营范围	日用品、食品
信用额度	12万元	忠诚度	一般	满意度	高	应收账款	11.95万元
客户类型		普通		客户级别		B	
建档时间		2003年2月		维护时间		2022年3月	
Web主页				www.meifu.com			
备注							

表3-3-15　客户2档案

客户编号			K2004030123			
公司名称		德来公司		助记码		DL
法人代表	王永红	家庭地址	天津市北开区佳和家×-×-×××	联系方式		022-66554489
证件类型	营业执照	证件编号	120216754788763	营销区域		天津市区
公司地址		天津市西城区星河路243号		邮编	300875	联系人	任程程
办公电话	022-28654896	家庭电话	022-64338906	传真号码		022-28654897
电子邮箱	meilai@126.com	QQ账号	8753885336	MSN账号		meilai@msn.com
开户银行		新华商业银行		银行账号		86439896420427
公司性质	民营	所属行业	零售业	注册资金	1 200万元	经营范围	食品、办公用品
信用额度	150万元	忠诚度	高	满意度	较高	应收账款	142万元
客户类型		重点型		客户级别		A
建档时间		2006年5月		维护时间		2022年4月
Web主页			www.meilai.com			
备注						

表3-3-16　客户3档案

客户编号			K2009012403			
公司名称		德麟公司		助记码		DLL
法人代表	李文和	家庭地址	天津市滨海区霞光街水岸渔村×-×××	联系方式		022-33438679
证件类型	营业执照	证件编号	120213789346338	营销区域		华北地区
公司地址		天津市滨海区新民道93号		邮编	300026	联系人	李凯
办公电话	022-82641893	家庭电话	022-37827463	传真号码		022-82641890

续表

电子邮箱	meilin@126.com		QQ 账号	738496216		MSN 账号	meilin@msn.com
开户银行	海河银行滨海支行			银行账号	1566331510296580		
公司性质	民营	所属行业	零售	注册资金	400 万元	经营范围	食品、日用百货
信用额度	160 万元	忠诚度	较高	满意度	高	应收账款	152.5 万元
客户类型	重点型			客户级别	B		
建档时间	2009 年 1 月			维护时间	2022 年 3 月		
Web 主页	www.meilin.com						
备注:							

表 3−3−17　客户 4 档案

客户编号	K2008160902						
公司名称	德鄢公司				助记码		DY
法人代表	薛瑾	家庭地址	天津市南口区林南苑×××-×-×××			联系方式	022-27655865
证件类型	营业执照	证件编号	120218754377888			营销区域	塘汉大
公司地址	天津市西城区晚霞路 43 号			邮编	300587	联系人	范威
办公电话	022-23876590		家庭电话	022-28657973		传真号码	022-23876591
电子邮箱	meiyan@eyou.com		QQ 账号	2115467907		MSN 账号	meiyan@msn.com
开户银行	津广银行			银行账号	5357899765569		
公司性质	中外合资	所属行业	零售业	注册资金	3 600 万元	经营范围	食品、日用品
信用额度	190 万元	忠诚度	高	满意度	高	应收账款	178 万元
客户类型	伙伴型			客户级别	A		
建档时间	2008 年 8 月			维护时间	2022 年 4 月		
Web 主页	www.meiyan.com						
备注:							

任务清单 3-4　拣选作业

素养提升

> 曹永堂带领沧运集团实现了企业的可持续发展，总资产由20年前的6 000万元，增加到2016年的7.8亿元，年总收入是20年前的10倍。
>
> 他在全国企业中较早开始对企业发展战略进行研究、制定和实施，先后提出了多元经营、人才开发、一体两翼、产业延伸等发展战略。
>
> 他不断推动企业改革转型，由单一班线运输向包车客运、旅游、公交出租、快递等综合运输转型，组建了集客运、现代物流于一体的冀运集团，转型收益已占企业总利润的25%以上。
>
> 在他的带领下，河北沧运集团推动创建优质服务品牌，打造了高客运输、"亲情旅程"等行业知名服务品牌，探索出一条突破困境、谋求发展的新路子。

一、任务情景

2021年5月23日，丰台区李宁专卖店仓库收到编号BH001的李宁上海生产厂的一批货物。

应收货物详情如下。

（1）运动服A1S，产品编号A011，袋装，1套/袋，共计100袋，存放于编号为HW001a的货位，批号为20210523。

（2）运动服A2M，产品编号A012，袋装，1套/袋，共计100袋，存放于编号为HW001b的货位，批号为20210523。

（3）运动服A3L，产品编号A013，袋装，1套/袋，共计100袋，存放于编号为HW001c的货位，批号为20210523。

（4）运动服B2S，产品编号B021，袋装，1套/袋，共计100袋，存放于编号为HW002a的货位，批号为20210523。

专卖店仓库保管员程浩收到该批货物入库通知单RKTZD001，编制作业计划单号为RKD001的入库单，将该批货物存放于编号为KF001的库房。

丰台区李宁专卖店需要在23日收到运动服各30套，24日拣货负责人张邱菊编制并填写拣货单JHD001，操作编号为JHD001，并将拣选货物送至专卖店。

二、任务目标

通过本任务的技能训练，能够填写拣货单，并能根据不同情况采用不同的拣选策略。

三、任务要求

（1）请填写拣货单。
（2）请设计此订单拣货应采取的拣选方式，并说明各拣选方式的优缺点及适用范围。

四、任务实施

第一步，了解拣选的相关知识

（一）拣选策略

1. 摘果法

摘果法也称为单一拣取，即针对每一张订单，拣货人员巡回于储存场所，将客户所订购的每一种货物挑选出并集中，再将配齐的货物放置到发货场所指定的货位，即可开始处理下一张订单。

摘果法的优点：
（1）订单处理前置时间短。
（2）作业人员责任明确，派工容易、公平。
（3）拣货后不必再进行分拣作业，适用于数量大、品种少的订单的处理。

摘果法的缺点：
（1）货物品种多时，拣货行走路线过长，拣取效率低。
（2）少量、多批次拣取时，会造成拣货路径重复费时，效率较低。

2. 播种法

播种法也称为批量拣取，即将每批订单的同种货物累加起来，从储存仓位上取出，集中搬运到理货场，并按每张订单要求的数量投入对应的分拣箱，分拣完成后分放到待运区域，直至配货完毕。

播种法的优点：
（1）适合订单数量大的系统。
（2）可以缩短拣取时行走搬运的距离，增加单位时间的拣取量。
（3）对于少量、多批次的配送十分有效。

播种法的缺点：
由于必须等订单达到一定数量时才处理一次，因此订单处理的前置时间长。

3. 复合拣取

复合拣取为单一拣取与批量拣取的组合运用，即依订单品项、数量及出库频率，决定哪些订单适合单一拣取，哪些订单适合批量拣取。

（二）分拣设备

1. 人至物的拣货设备

（1）储存设备包括：栈板储架（Pallet Rack）、轻型储架（Shelves）、橱柜（Cabinet）、

流动储架（Flow Rack）和高层储架（High Bay Rack）。

（2）搬运设备包括：无动力拣货台车（Picking Cart）、动力拣货台车（Picking Vehicle）、动力牵引车（Tractor Vehicle）、堆高机（Forklift）、拣货堆高机（Picking Truck）、搭乘式存取机（Man‑aboard AS/RS）、无动力输送机（Free Conveyor）、动力输送机（Power Conveyor）和计算机辅助拣货台车（Computer Aided Picking Cart）。

2. 物至人的拣货设备

（1）储存设备包括：单元负载自动仓储（Unit‑load AS/RS）、轻负载自动仓储（Mini‑load AS/RS）、水平旋转自动仓储（Horizontal Carousel）、垂直旋转自动仓储（Vertical Carousel）和梭车式自动仓储（Shuttle and Server System）。

（2）搬运设备包括：堆高机、动力输送带和无人搬运车（Automatic Guided Vehicle）。

3. 自动拣货系统

（1）箱装自动拣货系统。

（2）单品自动拣货系统。

4. 多品种小批量拣货系统

多品种小批量拣货系统包括：附加显示装置的流动储架、计算机辅助拣货台车、自动货品分类输送带、拣取机器人（Picking Robot）和自动拣货机（Picking Machine）。

第二步，完成拣选的相关工作

填写拣选单，如表3‑4‑1所示。

表3‑4‑1 拣选单

拣选单							
							操作编号：JHD001
*作业单号	JHD001			*库房			KF001
*制单人	张秋菊			*日期			2021/5/24
货品明细							
序号	*位置	*货品名称	*规格	*批次	*应拣	*实拣	单位	备注
01	HW001a	运动服A1S	1套/袋	20210523	30	30	袋	无
02	HW001b	运动服A2M	1套/袋	20210523	30	30	袋	无
03	HW001c	运动服A3L	1套/袋	20210523	30	30	袋	无
04	HW002b	运动服B2S	1套/袋	20210523	30	30	袋	无

因为该订单属于即时配送，因此应采取摘果法进行拣取。此外，此订单的货物要采取分区策略，按照拆零货物与整箱货物对订单进行分割处理。

（1）摘果法主要适合于货物品种多、数量少的少数订单的拣货。其优点包括：①作业方法简单；②订单处理前置时间短；③导入容易且弹性大；④作业人员责任明确，派工容易、公平；⑤拣货后不必再进行分拣作业。

缺点：①商品品种数多时，拣货行走路线过长，拣货效率过低；②拣取区域大时，搬运系统设计困难；③少量、多批次拣取时，会造成拣货路径重复，费时，效率较低。

（2）播种法主要适用于货物品种较少、数量较大的多个订单的拣货。优点包括：①适合订单数量庞大的系统；②可以缩短拣取时的行走搬运距离，增加单位时间的拣取量；③对于少量、多批次的配送，批量拣取很有效。缺点：对订单的到来无法做出及时反应，必须等订单达到一定数量时才处理一次，因此会有停滞时间产生。

【做中学、学中做】技能强化训练

1. 经统计，30天内某仓库共处理订单600份，拣货员平均每天拣货10小时，每张订单的平均品项数为20种，每张订单平均有货物50件，每件货物平均体积0.04立方米，请分别计算拣货时间的各项指标：（1）单位时间处理订单数；（2）单位时间拣取品项数；（3）单位时间处理次数；（4）单位时间捡取体积。

2. 华达配送中心主要为某市的235家连锁便利店进行配送，这235家连锁便利店分布在全市的5个区，均采取前一天下订单，第二天早晨6~7点送货的方式。华达配送中心应采取哪种拣选方式进行备货？应采取什么配送方式进行配送？

3. 2021年4月15日，温州盛威电子有限公司（以下简称"盛威"）销售部的程军收到南京润泰小家电市场采购部李成军的订货单，要求订购一批产品，于2021年4月20日8点送到南京润泰小家电市场仓库。

4月15日，仓储管理员周淑芬根据客户订单要求编制编号为JHD001且作业单号为ZYDH021的拣货单。

南京润泰小家电市场订货信息：

（1）台灯NA，产品编号CPBH001A，8个/箱，50箱。

（2）台灯MR，产品编号CPBH001B，8个/箱，50箱。

（3）宠物灯CA，产品编号CPBH002A，12个/箱，20箱。

（4）宠物灯CK，产品编号CPBH002B，12个/箱，20箱。

（5）宠物灯CF，产品编号CPBH002C，12个/箱，20箱。

盛威仓库的货物堆放信息如下：

（1）台灯NA，批次为20210321，存放于编号CK02的仓库一区。

（2）台灯MR，批次为20210319，存放于编号CK02的仓库二区。

（3）宠物灯CA，批次为20210308，存放于编号CK02的仓库三区。

（4）宠物灯CK，批次为20210201，存放于编号CK02的仓库四区。

（5）宠物灯CF，批次为20210121，存放于编号CK02的仓库五区。

4月15日15点，程军根据拣货单（JHD001）发货。

如果你是周淑芬，请按要求完成如表3-4-2所示的拣货单（注：带星号部分必填）。

表 3-4-2 拣货单

拣货单										
操作编号：JHD001										
*作业单号						*库房				
*制单人						*日期				
货品明细										
序号	*位置	*货品名称	*规格	*批次	*应拣	*实拣	单位	备注

任务清单 3-5　出库过程中异常问题处理

素养提升

郑瑞亮，30岁时成功地从一位普通职员成长为福建快线副总经理，2021年成为福建快线总经理。

面对客运市场竞争激烈的严峻形势，他坚信哪里有困境哪里就有机遇。郑瑞亮重新对市场进行评估，细化快线市场，建立不同于其他传统客运行业的发展模式，最终寻找到符合空港快线自身发展的战略定位——发展联运业务，让飞机、码头、铁路客运与快线客运实现"零换乘""无缝对接"，让旅客从交通节点出站即可换乘快线车辆及时奔赴目的地。

在郑瑞亮的带领下，福建快线立足于机场客运这个主平台，发挥主导性作用，使其作为快线业务发展的依托，并不断打造和创造新的业务平台，实现从单平台向多平台的转变。他还建立了一套科学的市场评价体系和分析模型，在充分调研的基础上，发挥客运"灵活性"，寻找线路"盲点"，实现客流量与公司经营收入的稳步提升。

一、任务情景

2021年某物流公司仓库由于备货时不够仔细，导致发错货，将货主计划近期只在B地区销售的品种发送至异地，从而打乱了货主的整个营销策略，使货主的预期目标不能实现。根据合同中的有关条款，该物流公司将赔付高达10万元的罚款，后经与货主多次协商，对方做出了较大让步。

请分析回答下列问题：你认为该仓库问题出在哪些环节上？

二、任务目标

通过本任务的技能训练，能够针对出库过程中的不同问题进行恰当的处理。

三、任务要求

请结合案例分析出现问题的原因，并针对出库过程中出现的不同问题进行恰当的处理。

四、任务实施

第一步，了解出库过程中异常问题处理的相关知识

货物在出库的过程中存在很多问题，正确处理这些问题可以挽回企业和客户的损失。针对各种不同的问题应该采取不同处理方法。

（一）出库凭证问题的处理

（1）假冒、复制、涂改凭证的，应及时报告领导及保卫部门妥善处理。

（2）规格开错或印鉴不符的凭证，不得调换规格发货，必须重新开票方可重新发货。

（3）超过提货期的凭证，须补足费用并重新开票后再办理出库手续。

（4）待验收入库的货物，须暂缓发货直至验收入库结束。

（5）客户遗失出库凭证，须立即挂失，原证作废，延期发货。若货物已被提走，仓库管理人员应协助报警追回被冒领的货物。

（二）提货数量与实际数量不符的处理

当提货数量大于货物实际库存数量时，无论是何种原因造成的，都需要仓储企业和货主单位及时联系并处理。一般数据不符的情形及处理方式如下。

（1）入库错记账。入库时出错，使账面数大于实存数，可以采用"报出报入"方法进行调整。

（2）提货数过大。由货主单位出具新的提货单，重新组织备货和发货。

（3）货物损耗。货物损耗是指货物在流通过程中，由于自然因素（如风化、干燥、挥发、黏结、散失等）和货物的理化性质或计量误差等，不可避免地会发生一定数量的减少、破损或者计量误差。仓储物的损耗标准是处理实际发生损耗的依据，当事人应当在仓储合同中载明。一般情况下，合理损耗应由货主单位承担，合理范围之外的损耗则应由仓储企业承

担，并追究相关的责任人。如果是运输过程中发生的货损货差，则应由承运人负责赔偿。

（三）包装损坏

货物外包装有破损、脱钉、松绳的，应整修加固，以保证运输途中货物的安全。若发现包装内的货物有霉烂、变质等质量问题或数量短缺，不得以次充好，以溢余补短缺。

（四）串发货与错发货的处理

在这种情况下，如果货物尚未离库，应立即组织人力，重新发货。如果货物已经提出仓库，仓储企业应会同货主单位和运输单位共同协商解决。在无经济损失的情况下，由货主单位重新按实际发货数冲单解决。如果造成了经济损失，仓储企业应根据合同或国家的有关规定进行赔偿，并按赔偿损失单据冲转调整保管账。

（五）退货处理

因出库时的差错造成货物退货，这时要对这部分货物进行妥善处理，最大限度地挽回损失。退货一般按照以下程序进行。

（1）用户填写退货申请表，在收到同意退货的通知后，须按规定的运输方式办理运输。

（2）仓库在收到客户的退货时，应尽快清点完毕，如有异议，必须以书面形式提出。

（3）退回的货物与退货申请表上的信息不符时，以仓库清点的为准。

（4）仓库应将退入仓库的货物，根据其退货原因分别存放、标识。对属于供应商的原因造成的不合格品，应与相关部门联系，催促供应商及时提回。

（5）对于已发放的货物和退回的货物，要及时入账，并按时向其他部门报送有关材料。

第二步，完成任务要求的相关内容

根据任务情景可知：

（1）问题出在货物出库环节，主要是备货上，同时也说明出库重要的两个环节即点交和复核工作没有做好。

（2）货物出库的基本要求。

①按程序作业；

②坚持先进先出原则；

③必须及时、准确，保证需要，尽量一次完成，以防差错；

④包装要符合运输要求。

【做中学、学中做】技能强化训练

为了帮助消费者处理不同的退货，曼哈顿合伙企业（美国亚特兰大一家供应链提供商）与其他的软件提供商设计了新的解决方案。大多数企业都有自己处理退货的方案，并遵循许多的供应商规则，但是这些方案都不简单。其实每一家企业都会有自己的退货产品处理政策，只是由于每一家企业的政策不同，加上操作人员对政策不熟悉，导致退货产品处理政策指南只能束之高阁，无人问津。因此，曼哈顿合伙企业的一个目标就是要使退货政策深入人心。

曼哈顿合伙企业的"退回供应商"模型能够把所有供应商退货管理的政策纳入计划。例如，一家DVD制造商要求每次退回的DVD数量为20件，那就意味着企业必须搁置19件，直到第20件到来才能处理。然而，曼哈顿合伙企业的"退回供应商"模型可以自动生成一个拣选票据，并且能够把票据传给仓储管理系统，这样就可以避免退货管理中经常出现的问题。

此外，曼哈顿合伙企业的退货政策还具有"守门"功能，可以防止不符合条件的产品的退回。例如，一家制造商可能与一家批发商签订协议，不管是否存在质量问题，都只允许一定比例的退货。在这种情况下，企业就必须实时掌握退货的数量。一些企业只允许批发商每季进行一次退货，还有一些企业的退货数量只与产品的生命周期有关……不管哪种情况，都涉及"守门"功能。曼哈顿合伙企业按照退货处理政策，以关系、产品或环境为基础，动态地解决各种问题，让企业自主决策。

请回答下列问题：

（1）曼哈顿合伙企业的退货解决方案具有哪些功能？

（2）曼哈顿合伙企业的退货解决方案起到了什么作用？

项目 4　配送方案设计

🎯 知识目标

1. 了解配送及配送中心的概念，熟悉配送中心的岗位设置；
2. 掌握配送中心的业务流程；
3. 掌握最短路径法和节约里程法；
4. 掌握配送合理化的形式。

✒ 技能目标

1. 能够依据最短路径法选择最短路径；
2. 能够依据节约里程法选择最短路径；
3. 能够根据配送作业情况进行订单的分配和拣选；
4. 能够按要求选择和使用一般的搬运、拣选、分类、包装等物流设备，合理地完成配送工作任务；
5. 能够应用适当的方法对实际工作效果进行评价与分析，提出改进策略以提高配送效率、降低配送成本、提高服务质量；
6. 能够根据不同货物的性质特点选择不同的配送车辆配载作业方案。

◆ 素质目标

1. 帮助学生树立为客户、为生产服务的观点，养成合作精神；
2. 培养学生探究问题、归纳总结和解决问题的能力；
3. 培养学生的效率意识和服务意识；
4. 培养学生吃苦耐劳和理论联系实际的精神。

任务清单 4-1　图上作业和表上作业

素养提升

> 在海淀驾校的 700 多名教练员中，"金牌教练员"刘全杰因突出的教学成绩和专业素养备受学员和同事尊敬。
>
> 面对学员，他是温柔细心的好教练。从事驾驶培训行业 20 多年的刘全杰，教过千余名学员，他的学员科目二考试一次通过率高达 90% 以上，这不仅得益于他灵活的教学方式，更离不开他的耐心教学。曾经有位老教授经历 4 次科目二考试不合格，带他的教练员也没了办法，得知此事的刘全杰主动请缨，他将自己的教学法实际效果展示给老教授，还摸索出反向激励法帮老教授重建信心，最终老教授顺利通过了全部考试。
>
> 在教学中，刘全杰热心钻研，带出了一组流程规范、教学品质优秀的教练员队伍。驾驶培训阶段性强、注意事项多，教学操作起来复杂，刘全杰总结出 15 字教学方法，不仅方便学员记忆，还运用到整个驾校的日常教学中，帮助教练员达到统一规范。刘全杰带领的"教学服务标兵组"成员的教学合格率比其他小组高出好几个百分点。
>
> 刘全杰不断学习新知、充实自我，为驾驶培训的规范化、品质化、智慧化发展贡献力量。在公安部 111 号令、123 号令颁布实施后，刘全杰加入了场地改建工作小组；随着互联网和人工智能的深度应用，海淀驾校的第一台智能教学辅助设备于 2021 年正式投入实践教学，刘全杰以多年的教学经验作为实践支撑，为项目的研发做出了贡献。
>
> 抱着对工作的热爱和对学员的责任，刘全杰正在有限的训练场上驶出更长、更远的里程。
>
> "教学是个良心工作，虽然很平凡，但我觉得有价值、有意义！"

一、任务情景

（1）如图 4-1-1 所示，A、D、F、H 处各有货物 20、20、100、60 吨，B、C、E、G、I 各需货物 30、50、20、70、30 吨，请设计最佳调度方案。

（2）某企业有 3 个生产同类产品的工厂（装货点），生产的产品由 4 个销售点（卸货点）出售，各工厂的生产量、各销售点的销售量（假定单位均为"吨"）及各工厂到各销售点的单位运费（元/吨）如表 4-1-1 所示。试分析如何调运才能使空车的总费用最小。

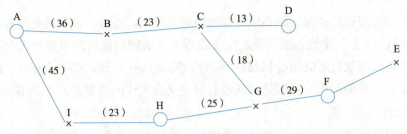

图 4-1-1 物资现状示意图

图例：○表示配送中心；×表示目的地

表 4-1-1 运费及发货量、需求量

卸货点	至各装货点运费/(元·吨$^{-1}$)			发货量/吨
	B	D	E	
A	70	230	80	40
C	140	100	230	30
F	60	190	80	50
G	160	180	180	80
需求量/吨	80	90	30	200

二、任务目标

通过本任务的技能训练，掌握最短路径法，学会用最短路径法选择最短路径。

三、任务要求

分别用图上作业法和表上作业法设计最佳调度方案。

四、任务实施

（一）运用图上作业法确定运输配送线路

图上作业法是一种借助于货物流向—流量图而对车辆进行合理规划的简便线性规划方法，它能消除环状交通网上物资运输中车辆的对流运输（包括隐蔽对流运输）和迂回运输问题，得出空车调运总吨千米最小的方案。所谓对流，就是在一段路线上有车辆往返空驶。在成圈（构成回路）的道路上，从一点到另一点有两条路可以选择，一条是小半圈，另一条是大半圈，如果选择的路线距离大于全回路总路程的一半，则是迂回运输。运用线性规划理论可以证明，一个运输方案，如果没有对流和迂回，它就是一个运力最省的最优方案。

1. 确定线形类别

图上作业法将交通图分成道路不成圈和道路成圈两类。道路不成圈就是没有回路的树形结构,包括直线、"丁"字线、交叉线、分支线等。不成圈的流向图只要消灭对流,就是最优流向图。道路成圈就是形成闭合回路的环形线路,包括一个圈(有三角形、四边形、多边形)和多个圈。成圈的流向图要达到既没有对流又没有迂回的要求,才是最优流向图。

2. 建立初始调运方案

根据线性规划原理,对于不成圈的交通网络运输调度可根据"就近调拨"的原则进行。物资调运示意图如图4-1-2所示。

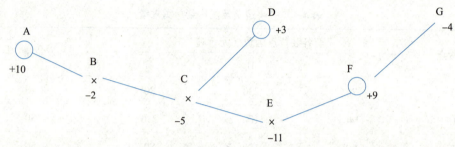

图4-1-2　物资调运示意图
图例:〇表示配送中心;×表示目的地

对于成圈的交通网络,先假设某两点不通,将成圈问题简化为不成圈问题来考虑,得到一个初始的调运方案。

根据任务情景(1),物资调运情况如图4-1-3所示,可断开A-B段,然后根据"就近调拨"的方法,即可得到如图4-1-4所示的物资调运初始方案。

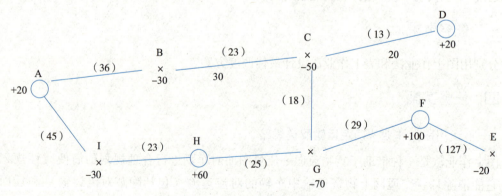

图4-1-3　物资调运情况
图例:〇表示配送中心;×表示目的地

3. 检查初始方案

检查初始方案中是否存在对流运输和迂回运输情况。本任务中不存在对流运输情况。通过检查里外圈流向线的总长度是否超过全圈(即封闭环线路)长度的1/2来判断是否存在迂回运输。

项目 4 配送方案设计

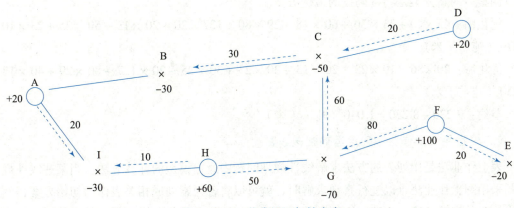

图 4-1-4 物资调运初始方案

图例：○表示配送中心；×表示目的地

全圈长度 = 45 + 23 + 25 + 18 + 23 + 36 = 170（千米）

半圈长度 = 170 ÷ 2 = 85（千米）

外圈（逆时针方向）长度 = 45 + 25 + 18 + 23 = 111（千米）

里圈（顺时针方向）长度 = 23（千米）

即由于 111 千米大于 85 千米，外圈流向线总长超过全圈长度的 1/2，可以判定该方案有迂回运输现象存在，应缩短外圈流向，优化方案。

4. 调整优化方案

外圈流向线中最小流量 A-I 为 20，应在外圈的各段流向线上减去 20，同时应在里圈的各段流向线及原来没有流向线的 A-B 段上分别加上 20，可得到新的物资调拨方案（见图 4-1-5）。

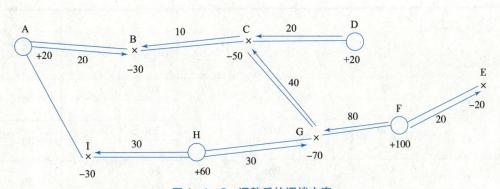

图 4-1-5 调整后的调拨方案

图例：○表示配送中心；×表示目的地

调整后的调拨方案：

外圈（逆时针方向）长度 = 25 + 18 + 23 = 66（千米）

里圈（顺时针方向）长度 = 23 + 36 = 59（千米）

里、外圈流向线的长度均没有超过全圈总长的 1/2（66 千米和 59 千米均小于 85 千米），所以调整后的新方案是物资调拨的最优方案。

优化前：45×20+23×30+60×18+29×80+127×20+20×13+50×25+23×10＝9 270（吨·千米）

优化后：20×36+10×23+20×13+30×23+30×25+20×127+80×29+40×18＝8 230（吨·千米）

节约：9 270－8 230＝1 040（吨·千米）

（二）运用表上作业法确定运输配送线路

表上作业法是用列表的方法求解线性规划问题中运输模型的计算方法。当某些线性规划问题采用图上作业法难以进行直观求解时，就可以将各元素列成相关表作为初始方案，然后采用检验数来验证这个方案；否则，就要采用闭回路法、位势法或矩形法等进行调整，直至得到满意的结果。由于运输问题的数学模型具有特殊的结构，用表上作业法来求解运输问题更节约计算时间、费用。

表上作业法的基本程序如下：

（1）列出供需平衡表。

（2）在表上做出初始方案。

（3）检查初始方案是否最优。

（4）调整初始方案求得最优解。

首先，列出空车供需平衡表，并求得初始方案。

空车调运的初始方案，可用最小元素法求得。

（1）调整表 4－1－2 并找出其中的最小元素。本任务中为 60。

表 4－1－2　产销量表调整

装货点\卸货点	B	D	E	收货量
A	70	230	80	40
C	140	100	230	30
F	60	190	80	50
G	160	180	180	80
需求量	80	90	30	200

（2）把这个最小元素所在行列的发出量和收入量尽量分配给它，填入该空格成为有数格。本任务中填 50。

（3）已得到分配数的有数格，其所在行和列的发出量和收入量必然有一个被分配完，把被分配完的这行或列用虚线画掉。发出（收入）行（列）的发出（收入）量应减去其分配量，列出剩余量。如行和列的发出与收入量同时被分配完，也只画去其中之一。

（4）从剩余行列中再找出最小元素，以同样的方法进行分配，直到全部分配完为止。

本任务完成的初始方案如表4-1-3所示。

表4-1-3 供需平衡表

装货点 卸货点	B	D	E	收货量
A	70 ㉚	230	80 ⑩	40
C	140	100 ⑩	230 ⑳	30
F	60 ㊿	190	80	50
G	160	90 ㊽	180	80
需求量	80	90	30	200

其次，检验初始方案。检验初始方案是否最优，常用的方法有和位势法闭回路法。

（1）先按供需平衡表画出相同的表，作为检验用表。

（2）在初始方案的有数格标上"0"。

（3）在表的右方增加一列"列位势"（u_i），在表的下方增加一行"行位势"（v_j），并在列位势、行位势的方格中，填上新的数值。这些数值应该使表中有"0"的方格内的元素恰好等于它所在的行、列所填两个数字之和，即：

$$u_i + v_j = c_{ij}$$

式中：c_{ij}——方格内的元素。

（4）将各空格的元素减去该格所对应的行位势和列位势，便得到该空格的检验数，即检验数 $\lambda_{ij} = c_{ij} - (u_i + v_j)$。如果检验数全部非负，则方案最优，否则要进行调整。

本任务检验数求解过程为：

令 $u_1 = 0$

$v_1 = c_{11} - u_1 = 70 - 0 = 70$

$v_3 = c_{13} - u_1 = 80 - 0 = 80$

$u_2 = c_{23} - v_3 = 230 - 80 = 150$

$v_2 = c_{22} - u_2 = 100 - 150 = -50$

$u_3 = c_{31} - v_1 = 60 - 70 = -10$

$u_4 = c_{42} - v_2 = 90 - (-50) = 140$

位势求出后，即可按检验数公式计算出检验数。检验数求得结果如表 4-1-4 所示。

表 4-1-4　检验数表

空车发出点＼空车接入点	B	D	E	发货量	列位势 u_i
A	70　㉚　0	230　　280	80　⑩　0	40	0
C	140　　-80	100　⑩　0	230　⑳　0	30	150
F	60　㊿　0	190　　250	80　　10	50	-10
G	160　　-50	90　㉘　0	180　　-40	80	140
空车收量	80	90	30	200	
行位势 v_j	70	-50	80		

再次，调整初始的调运方案。当检验数有负数时，方案不是最优，应进行调整。

（1）选取检验数负数的绝对值最大的空格，用闭回路法找出该空格的闭回路。本任务闭回路如表 4-1-5 所示。

表 4-1-5　画闭回路

空车发出点＼空车接入点	B	D	E	发货量	列位势 u_i
A	70　㉚　0	230　　280	80　⑩　0	40	0
C	140　　-80	100　⑩　0	230　⑳　0	30	150
F	60　㊿　0	190　　250	80　　10	50	-10
G	160　　-50	90　㉘　0	180　　-40	80	140
空车收量	80	90	30	200	
行位势 v_j	70	-50	80		

闭回路法——以空格为起点，沿水平或垂直方向移动，遇到有数格才作直角转弯。如在该有数格转弯后，不能形成闭合回路，则暂不转弯，可跨越该有数格继续前进，直到再遇有数格才转弯。如此行进，最后又回到起点的空格，构成一个闭合回路。

（2）在闭回路的奇数角中，找出最小流量 $X_{\min}$。本任务中为 20。奇、偶数角——从空格起点移动（空格为 0），顺着一个方向数，凡 1，3，5，…为奇数角，凡 2，4，6，…为偶数角。

（3）每一个奇数角所在的格都减去最小流量 $X_{\min}$，每一个偶数角所在的格都加上最小流量 $X_{\min}$，得到一个新方案。

（4）对新方案进行检验，看检验数是否全部非负。

最后，检验新方案。检验过程、方法同上，调整后方案为最优方案。

综合可知：最优空车调运方案为：A→B，10 吨；C→B，20 吨；F→B，50 吨；C→D，10 吨；G→D，80 吨；A→E，30 吨。

【做中学、学中做】技能强化训练

设有某类物资要从供应点 A_1、A_2、A_3 供货给客户 B_1、B_2、B_3、B_4。各供应点的发货量、各客户的需求量及从某供应点 A_i（$i=1$，2，3）供给某客户 B_j（$j=1$，2，3，4）1 吨货物所需运费如表 4-1-6 所示（运量单位：吨；运价单位：元/吨），请问应如何调运才能使总运费最少？

表 4-1-6　货物所需运费表

客户 供应点	B_1	B_2	B_3	B_4	发货量
A_1	3	11	3	10	7
A_2	1	9	2	8	4
A_3	7	4	10	5	9
需求量	3	6	5	6	

任务清单 4-2　车辆配装配载

素养提升

作为一名从业 30 多年的老交通人，谢文坚始终牢记"全心全意为乘客服务"的宗旨。在乘客和同事眼中，他是肇庆"最美驾驶人"。不论刮风下雨，还是烈日炎夏，他坚持每天都提前一个小时到车站，检查车辆技术状况和卫生情况，提前半个小时在车门口迎候旅客；行车前，仔细检查行李架上的物品是否摆放稳当；行车时，叮嘱旅客系好安全带，不要在行车途中来回走动；车到站后，提醒旅客带好随身物品，避免物品遗失。

他技术过硬，有口皆碑。从年轻时起，他就酷爱钻研、努力提高车技，立志把车开得既快又稳。作为全国仅有的4名"走进300万安全无违章之家"司机中的一员，谢文坚安全运送旅客约100万人次、安全行车公里数达300多万公里。已是汽车站标杆司机的他，对大巴的安全检查从不松懈。每天出车前、跑完一程、工作结束，谢文坚都要细致地将车辆里里外外检查一遍。

他还是肇庆的"身边好人"。行车30多年来，谢文坚多次将乘客遗失的钱物归还失主，勇救落水中学生，勇斗歹徒，积极参与抢险救灾，救助患病乘客。

"全国优秀驾驶员""粤运工匠""五一劳动奖章"……闪光的荣誉背后是数十年如一日的坚守与付出。

"我开的不只是能解决温饱的车，更是满载着生命的车。乘客把生命托付给我，我就要对他们负责。"

一、任务情景

（1）宏达食品有限公司现有一批货要发运到三个客户单位，委托浩悦运输公司进行运输。三个客户单位的订单如表4-2-1～表4-2-3所示。

表4-2-1 客户订单1（宜家超市）

订单号：QH1011100012
送货地址：长沙市湘江大道95号

商品名称	单位	订购数量
"娃哈哈"矿泉水	箱	35
"康师傅"方便面	箱	20
"盼盼"软面包	箱	20

表4-2-2 客户订单2（大地公司）

订单号：KS1011150008
送货地址：长沙市远大路64号

商品名称	单位	订购数量
"红牛"饮料	箱	35
"仁仔"酱板鸭	箱	20
"旺旺"雪饼	箱	10

表4-2-3 客户订单3（千惠连锁）

订单号：DD1011150012

送货地址：长沙市五一路102号

商品名称	单位	订购数量
"统一"方便面	箱	30
可口可乐	箱	35
"真巧"苏打饼	箱	30

送货路线为：浩悦运输公司仓库→宜家超市→千惠连锁→大地公司。

配载货物信息和装车配载示意图如图4-2-1所示。

图4-2-1 配载货物信息和装车配载示意图

请依据以上信息进行模拟配载设计。

01装载区应该装载哪个公司的货物？02装载区应该装载哪个公司的货物？03装载区应该装载哪个公司的货物？

订单1的A货物、B货物、C货物分别是什么？

订单2的A货物、B货物、C货物分别是什么？

订单3的A货物、B货物、C货物分别是什么？

（2）车辆配装（容重搭配）。

配送中心有A、B两种货物需要配装，其中A货物单件重20千克，单件体积为0.03立方米，B货物单件重10千克，单件体积为0.02立方米；送货车辆载重为10吨，车厢有效容积为20立方米。

请依据以上信息进行模拟配载设计，A、B两种货物如何配装，才能使有效容积利用率达90%，且载重利用率达100%。

二、任务目标

通过本次任务的技能训练,熟悉配装基本作业流程和配送车辆配载作业技术,熟练掌握车辆调度原则与方法;学会根据不同货物的性质特点选择不同的配送车辆配载作业方案。

三、任务要求

请根据材料中的实际情况,选择合适的车辆配载作业方案。

四、任务实施

第一步,了解配装配载的相关知识

(一)配装配载作业

刘强东:社会物流成本过高,导致各方都赚不到钱

配装配载作业是物流配送的重要环节。所谓配送,是"配"与"送"的有机结合。它与一般送货的重要区别在于,配送是通过集合、分拣、配货等环节,使送货达到一定规模,以利用规模优势实现较低的送货成本。因此,在单个用户配送数量不能达到车辆的有效载运负荷时,应集中不同用户的配送货物进行搭配装载以充分利用运能、运力,即通过有效配装提高配送的效率,降低配送成本。但是由于配送的货物种类繁多、特性各异,故其包装也各异,或为袋装,或为箱装,或为桶装等,即使同为一种材料的包装,其尺寸、形状等也有不同。另外,为确保配送服务质量,还应选择适宜的配送车辆类型。因此,在物流配送决策中,往往需要面对这样的情况:同一时间有很多种不同的货物需要配送,且可供选择的运输车辆有很多种,应如何选择合适的运输车辆,以最小的运输成本合理、快速地进行配送。

物流配送中心的配装配载作业流程如下。

(1)划分基本配送区域。为使整个配送有一个可遵循的基本依据,应首先将客户所在地的具体位置做一个系统统计,并将其进行区域上的整体划分,将所有客户囊括在不同的基本配送区域之中,以作为下一步决策的参考基础。如按行政区域或交通条件划分不同的配送区域,可在这一区域划分的基础上再做弹性调整。

(2)车辆配载。由于配送货物品种和特性各异,为提高配送效率,确保货物质量,必须首先对特性差异大的货物进行分类。在接到订单后,将货物依特性进行分类,以分别采取不同的配送方式和运输工具,如按冷冻食品、速冻食品、散装货物、箱装货物等分类配载。其次,配送货物也有轻重缓急之分,必须初步确定哪些货物可配于同一辆车,哪些货物不能配于同一辆车,以做好车辆的初步配装工作。

(3)暂定配送先后顺序。在考虑其他影响因素,做出最终的配送方案前,应先根据客户订单要求的送货时间将配送的先后作业次序做一次概括的预计,为后面车辆积载做好准备工作。计划工作的目的是保证达到既定的目标,所以预先确定基本配送顺序既可以有效地保证送货时间,也可以尽可能地提高运作效率。

(4)车辆安排。车辆安排首先要解决的问题是安排什么类型、什么吨位的货运车辆送货。一般企业拥有的车型有限,车辆数量亦有限,当本公司的车辆无法满足要求时,可以使

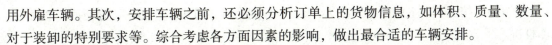

用外雇车辆。其次，安排车辆之前，还必须分析订单上的货物信息，如体积、质量、数量、对于装卸的特别要求等。综合考虑各方面因素的影响，做出最合适的车辆安排。

（5）选择配送线路。知道了每一辆车负责配送的具体客户后，如何以最快的速度完成对这些货物的配送，即如何选择配送距离短、配送时间短、配送成本低的线路，这需要根据客户的具体位置、沿途的交通情况等做出优先选择和判断。除此之外，还必须考虑有些客户或其所在地环境对送货时间、车型等方面的特殊要求，如有些客户不在中午或是晚上收货，有些道路在高峰期实行特别交通管制等。

（6）确定最终配送顺序。做好车辆安排及选择最佳的配送路线后，依据各车负责配送的具体客户的先后，即可确定最终配送顺序。

（7）完成车辆积载。明确了客户的配送顺序后，接下来就是如何将货物装车，以什么顺序装车的问题，即车辆的积载问题。原则上根据客户的配送顺序将货物依"后送先装"的顺序装车即可。但有时为了有效利用空间，可能还要根据货物的性质（怕震、怕压、怕撞、怕湿）、形状、体积及重量等做出弹性调整。此外，货物的装卸方法也必须依照货物的性质、形状、重量、体积等来做具体决定。

在以上各阶段的操作过程中，需要清楚了解订单内容，掌握货物的性质，明确具体配送地点，适当选择配送车辆，选择最优的配送线路，充分考虑各作业点的装卸货时间。

（二）装车作业

按装车作业的原则理货结束后，要进行具体的装车作业，在此环节一般要遵循以下原则。

（1）重不压轻，大不压小。轻货应放在重货上面，包装强度差的应放在包装强度好的上面。

（2）货物堆放要前后、左右、上下重心平衡，以免发生翻车事故。尽量做到"先送后装"，即同一车中有目的地不同的货物时，要把先到站的货物放在易于装卸的外面和上面，后到站的货物放在里面和下面。

（3）货与货之间、货与车辆之间应留有空隙并适当衬垫，防止货损。

（4）货物的标签应朝外，以方便装卸。

（5）装货完毕，应在门端处采取适当的稳固措施，以防开门卸货时，货物倾倒造成货损或人身伤亡。

第二步，进行模拟配装配载设计

由任务情景可知，此次运输的路线为浩悦运输公司仓库→宜家超市→千惠连锁→大地公司，根据先送后装原则，01 装载区应该装载大地公司货物，订单为客户订单 2；02 装载区应该装载千惠连锁公司货物，订单为客户订单 3；03 装载区应该装载宜家超市公司货物，订单为客户订单 1。

且根据重不压轻的原则，每个装载区的装载顺序如下。

订单 1，按从下到上的顺序装载，即 A、B、C 分别为"娃哈哈"矿泉水、"康师傅"方便面、"盼盼"软面包。

订单 2，按从下到上的顺序装载 A、B、C 分别为"红牛"饮料、"仁仔"酱板鸭、"旺旺"雪饼。

订单3，按从下到上的顺序装载 A、B、C 分别为可口可乐、"统一"方便面、"真巧"苏打饼。

依据以上信息进行如下模拟配载设计。

01 装载区应该装载大地公司的货物，02 装载区应该装载千惠连锁的货物，03 装载区应该装载宜家超市的货物。

订单1 的 A 货物是"娃哈哈"矿泉水，B 货物是"康师傅"方便面，C 货物是"盼盼"软面包。

订单2 的 A 货物是"红牛"饮料，B 货物是"仁仔"酱板鸭，C 货物是"旺旺"雪饼。

订单三的 A 货物是可口可乐，B 货物是"统一"方便面，C 货物是"真巧"苏打饼。

第三步，明确车辆配装配载方案

根据任务情景（2）完成车辆配载。

设 A 货物装 Q_A 件，B 货物装 Q_B 件。

装载需要满足的约束条件如下。

Q_A，$Q_B \geq 0$ 且 Q_A，Q_B 为整数

$0.03Q_A + 0.02Q_B = 20 \times 90\%$

$0.02Q_A + 0.01Q_B = 10 \times 100\%$

得出：$Q_A = 200$ $Q_B = 600$

A 货物应装载 200 件，B 货物应装载 600 件，才能使车辆有效容积利用率达 90%，且载重利用率达 100%。

【做中学、学中做】技能强化训练

宏达食品有限公司现有一批货要发运到三个客户单位，委托浩悦运输公司进行运输。三个客户单位的订单如表 4-2-4~表 4-2-6 所示。

表 4-2-4 客户订单1（佳佳超市）

订单号：QH1011100012

送货地址：长沙市湘江大道 95 号

商品名称	单位	订购数量
"美汁源"果粒奶优	箱	40
"统一"方便面	箱	20
"盼盼"软面包	箱	18

表 4-2-5 客户订单2（三三公司）

订单号：KS1011150008

送货地址：长沙市远大路 64 号

商品名称	单位	订购数量
"红牛"饮料	箱	35
"仁仔"酱板鸭	箱	25
"旺旺"雪饼	箱	10

表4-2-6 客户订单3（万家乐连锁）

订单号：DD1011150012

送货地址：长沙市五一路102号

商品名称	单位	订购数量
"康师傅"方便面	箱	30
可口可乐	箱	40
"真巧"苏打饼	箱	30

送货路线为：浩悦运输公司仓库→佳佳超市→万家乐连锁→三三公司。

配载货物信息和装车配载示意图如图4-2-2所示。

图4-2-2 配载示意图

要求：

（1）请依据以上信息进行模拟配载设计，确定01装载区、02装载区、03装载区分别应该装载哪个公司的货物，并指出订单1、订单2、订单3的A货物、B货物、C货物分别是何种货物，同时说明理由。

（2）假设宏达食品有限公司有白糖和食盐两种货物需要配装运送给同一客户，白糖质量体积为0.9立方米/吨，食盐是1.6立方米/吨，计划使用的车辆的载重量为11吨，车厢容积为15立方米；请依据以上信息进行模拟配载设计A、B两种货物，使车辆有效容积利用率达95%，且载重利用率达100%。

任务清单 4-3　最短路径选择运输路线

素养提升

提起安红英,许多乌鲁木齐市民都知道。她是一位热心肠的好"的姐"。作为北园春志愿服务队副队长、乌鲁木齐的士雷锋车队创始人之一,从业 10 余年来,安红英经常免费拉载学生、老人、残疾人,助人为乐、乐善好施已经成为她的标签。

看望孤寡老人、关爱残障儿童、免费载环卫工人……在安红英的组织下,北园春志愿服务队身影频繁出现在乌鲁木齐爱心公益活动现场。

2018 年 11 月至 2019 年 2 月,北园春志愿服务队在安红英的组织下先后开展了 6 次免费载天山区管委会红旗路社区环卫工人活动,31 名队员共计载 179 名环卫工人,免费载 1 032 千米。谈起开展这一活动的初衷,安红英说:"环卫工人的工作很辛苦,他们为城市的干净整洁付出了太多汗水,我想尽可能地帮助他们,让他们少走点路。"

新冠疫情来袭,乌鲁木齐口罩货源告急。安红英加入"抗疫"的队伍中,协助口罩厂制作口罩、面罩、防护服,40 天吃住全在车间。她还把自己的出租车开到工厂,作为对外拉运生活物资、接送工作人员的保障车辆。北园春志愿服务队也放弃营运,主动前往乌鲁木齐口罩厂参加志愿活动,搬运、装卸口罩原材料 20 吨,为口罩厂的生产、运输解了燃眉之急。

"乘客的一句'谢谢您',就是对我最大的奖励。做好人好事让我更加快乐与满足。"

一、任务情景

用最短路径法找出图 4-3-1 中从 A 到 D 的最短路线并指出其距离。

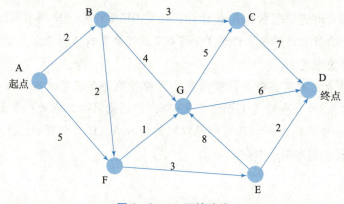

图 4-3-1　运输路线

二、任务目标

通过本任务的技能训练,掌握最短路径法,学会用最短路径法选择最短路径。

三、任务要求

用最短路径法找出从 A 点到 D 点的最短路线并计算其距离。

通过管理革新实现
物流运输合理化

四、任务实施

第一步,了解最短路径法的相关知识

影响配送运输的因素很多,主要受车流量变化、配送客户的变动、可供调动的车辆变动、配送客户的分布区域、道路交通网络、车辆运行限制等因素影响。配送运输线路设计就是整合影响配送运输的各因素,利用现有的资源,将客户所需的商品送达客户处。在配送运输线路设计中,需根据不同客户群的特点和要求,选择不同的线路设计,最终达到成本和服务最优的目的。

配送运输线路设计方法较多,目前主要使用最短路径设计法和节约里程的线路设计法,本任务主要训练最短路径设计法。

第二步,根据任务情景确定最短路径

根据本任务情景,整个计算过程可以分为四个阶段。

第一个阶段:(C→D,G→D,E→D)有三条路线。
$$f_1(C) = 7, f_1(G) = 6, f_1(E) = 2$$

第二个阶段:(F→G,F→E)有两条路线。
$$f_2(F) = \min\begin{Bmatrix} d(F,G) + f_1(G) \\ d(F,E) + f_1(E) \end{Bmatrix} = \min\begin{Bmatrix} 1+6 \\ 3+2 \end{Bmatrix} = \min\begin{Bmatrix} 7 \\ 5 \end{Bmatrix} = 5$$

最短路线为 F→E→D。

第三个阶段:(B→C,B→G,B→F)有三条路线。
$$f_3(B) = \min\begin{Bmatrix} d(B,C) + f_1(C) \\ d(B,G) + f_1(G) \\ d(B,F) + f_2(F) \end{Bmatrix} = \min\begin{Bmatrix} 3+7 \\ 4+6 \\ 2+5 \end{Bmatrix} = 7$$

最短路线为 B→F→E→D。

第四个阶段:(A→B,A→F)有两条路线。
$$f_4(A) = \min\begin{Bmatrix} d(A,B) + f_3(B) \\ d(A,F) + f_2(F) \end{Bmatrix} = \min\begin{Bmatrix} 2+7 \\ 5+5 \end{Bmatrix} = \min\begin{Bmatrix} 9 \\ 10 \end{Bmatrix} = 9$$

最短路线为 A→B→F→E→D。

所以,从 A 点到 D 点的最短路线为 A→B→F→E→D。

最短距离 = 2 + 2 + 3 + 2 = 9。

【做中学、学中做】技能强化训练

1. 用最短路径法找出图4-3-2从P_1点到P_8点的最短路线并计算其距离。

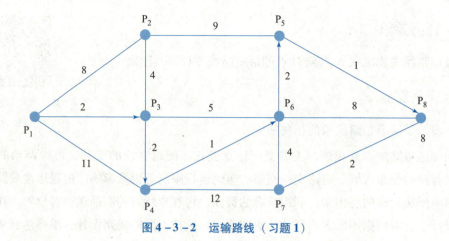

图4-3-2 运输路线（习题1）

2. 用最短路径法找出图4-3-3从A到B的最短路线并计算其距离。

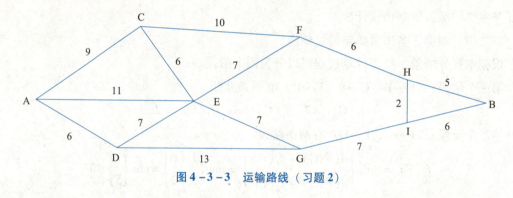

图4-3-3 运输路线（习题2）

3. 用最短路径法找出图4-3-4从A点到J点的最短路线并计算其距离。

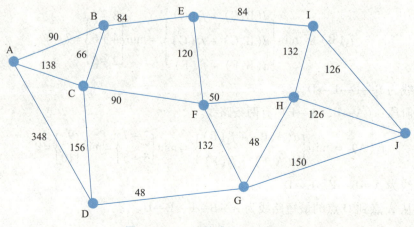

图4-3-4 运输路线（习题3）

任务清单 4-4　配送路线优化

驾驶公交车服务乘客 20 多年，出车 5 400 余次，行车 64 万千米，零违章、零投诉、零事故，熊会萍是工作的"有心人"和"细心人"，更是乘客的"贴心人"。

"车辆与站台有多近，公交与乘客的心就有多近。"熊会萍常用这句话警示自己，在自己率先做到的同时，还要求全线驾驶员都做到乘客"一步上下车"，有障碍时"二次进站"，尽量为老人乘车提供方便。在熊会萍的要求和带动下，27 路驾驶员在车辆停靠时，都能坚持做到让乘客"一步上下、二次进站"。

她提出的"服务乘客热心、照顾乘客细心、对待乘客耐心、听取乘客意见虚心、接受乘客批评诚心"的"五心服务法"受到乘客的普遍赞誉。她独创的"首站站立微笑服务"已经在襄阳市公交车上普遍推广，成为乘客眼中最美丽的风景。

工作之余，熊会萍还带领车组成员走出车厢，把安全优质服务延伸到社会上的各个角落。节假日，熊会萍会带领 27 路党员到沿途社区及单位讲解安全乘车知识，征求居民对公交服务的意见。探望老年乘客时，老人们都亲切地叫熊会萍"女儿"。她到沿线社区帮扶残障儿童，孩子们见到她便喊着："公交妈妈来了！"

只有用真情去温暖乘客才会有更多的收获。熊会萍先后获得"全国三八红旗手""全国交通运输行业爱岗敬业驾驶员""湖北省优秀共产党员""湖北省劳动模范""湖北好司机"等荣誉称号，2021 年 6 月当选为党的十九大代表。

"简单的事情重复做，你就是行家；重复的事情用心做，你就是赢家。"

一、任务情景

某配送中心 P 向 10 个客户 A、B、C、D、E、F、G、H、I、J 配送货物，其配送网络如图 4-4-1 所示。其中括号内的数字表示客户的需求量（吨），路线上的数字表示两节点之间的距离（千米）。配送中心有 2 吨和 4 吨的车辆可供使用，请用节约里程法制定最优的配送方案。

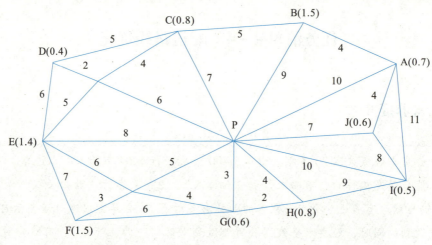

图 4-4-1 配送网络

二、任务目标

通过本任务的技能训练，熟悉节约里程法，并学会用节约里程法选择最佳运输路线。

三、任务要求

请根据材料中的实际情况，选择最佳配送路线。

四、任务实施

第一步，了解节约里程法的相关知识

节约里程法的目标是使所有车辆行驶的总里程最短，从而使为所有站点提供服务的车辆数最少。首先，假设每一个站点都有一辆虚拟的车辆提供服务，随后返回仓库，由配送中心 P 向用户 A、B 配货，这时的运输里程是最长的，如图 4-4-2 所示；然后，将两个站点合并到同一条路线上，减少一辆运输车，相应缩短运输里程。合并之前的总里程为 2PA + 2PB，合并后的总里程为 PA + AB + PB，缩短的里程为 PA + PB − AB。

如果是多站点配送（三个及以上），除了将两个单独的站点合并在一起之外，还可以将某站点并入已经包含多个站点的路线上，以达到节省配送费用、缩短里程的目的。应该注意的是，每次合并都要计算所缩短的距离，节约距离最多的站点就应该纳入现有路线；如果由于某些约束条件（如路线过长、无法满足时间窗口的限制或车辆超载等），节约距离最多的站点不能并入该路线，则考虑节约距离次数多的站

中国物流进入 3.0 时代：
消费者需求猛增，
同城物流拿起交接棒

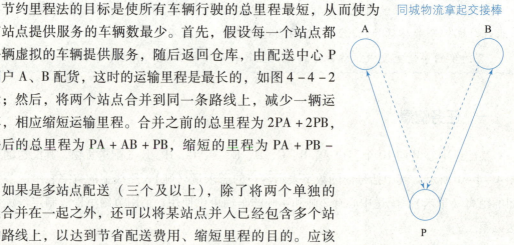

图 4-4-2 合并前路线

点，直至该路线不能加入新的站点为止。然后，重复上述整个过程直至所有站点的路线设计完成。

节约里程法在按照最大节约值原则将站点归入某条路线之前，不仅要预先评估加入该站点后的路线情况，而且要考虑一系列关于路线规划的问题，如行车时间、时间窗口限制、车辆载重等。这种处理方法能够处理有众多约束条件的实际问题，而且可以同时确定路线和经过各站点的顺序，有较强大的处理能力。但是，随着约束条件的增加，扩展问题难度加大，节约法不能保证得到最优解，但是可以获得合理解。

第二步，根据任务情景计算

(1) 计算网络节点之间的最短距离，如表4-4-1所示。

表4-4-1 各节点之间的最短距离（单位：千米）

	P	A	B	C	D	E	F	G	H	I	J
P	—	10	9	7	8	8	8	3	4	10	7
A	—	—	4	9	14	18	18	13	14	11	4
B	—	—	—	5	10	14	17	12	13	15	8
C	—	—	—	—	5	9	15	10	11	17	13
D	—	—	—	—	—	6	12	11	12	18	15
E	—	—	—	—	—	—	7	10	12	18	15
F	—	—	—	—	—	—	—	6	8	17	15
G	—	—	—	—	—	—	—	—	2	11	10
H	—	—	—	—	—	—	—	—	—	9	11
I	—	—	—	—	—	—	—	—	—	—	8
J	—	—	—	—	—	—	—	—	—	—	—

(2) 计算各节点之间的节约里程，如表4-4-2所示。

表4-4-2 各节点之间的节约里程（单位：千米）

	A	B	C	D	E	F	G	H	I	J
P	—	15	8	4	0	0	0	0	9	13
A	—	—	11	7	3	0	0	0	4	8
B	—	—	—	10	6	0	0	0	0	1
C	—	—	—	—	10	3	0	0	0	0
D	—	—	—	—	—	9	1	0	0	0
E	—	—	—	—	—	—	5	4	1	0
F	—	—	—	—	—	—	—	5	2	0
G	—	—	—	—	—	—	—	—	5	0
H	—	—	—	—	—	—	—	—	—	9
I	—	—	—	—	—	—	—	—	—	—

（3）按节约里程大小排序，如表 4-4-3 所示。

表 4-4-3　按节约里程大小排序

顺序	连线	节约里程/千米
1	A-B	15
2	A-J	13
3	B-C	11
4	C-D	10
5	D-E	10
6	A-I	9
7	E-F	9
8	I-J	9
9	A-C	8
10	B-J	8
11	B-D	7
12	C-E	6
13	F-G	5
14	G-H	5
15	H-I	5
16	A-D	4
17	B-I	4
18	F-H	4
19	B-E	3
20	D-F	3
21	G-I	2
22	C-J	1

（4）根据节约里程安排配送路线，如图 4-4-3 所示。

配送路线 1 为 P→J→A→B→C→P，使用一辆 4 吨车，送货量为 3 吨、6 吨，运输距离为 27 千米。

配送路线 2 为 P→D→E→F→G→P，使用一辆 4 吨车，送货量为 3 吨、9 吨，运输距离为 30 千米。

配送路线 3 为 P→H→I→P，使用一辆 2 吨车，送货量为 1 吨、3 吨，运输距离为 23 千米。

配送总运输距离为 80 千米。

配送使用车辆为 1 辆 2 吨车，2 辆 4 吨车。

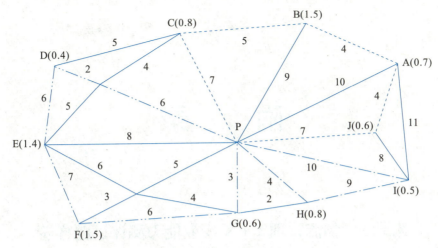

图 4-4-3 配送路线

【做中学、学中做】技能强化训练

配送中心 O 向 12 个客户 P_j（$j=1,2,\cdots,12$）配送货物。各个客户的需求量为 q_j，从配送中心到客户的距离为 d_{0j}（$j=1,2,\cdots,12$），各个客户之间的距离为 d_{ij}，具体数值如表 4-4-4 和表 4-4-5 所示，配送中心有 4 吨、5 吨、6 吨共三种车辆可供调配。试制定最优配送方案。

表 4-4-4 配送中心 O 与 12 个客户的关系参数

P_j	1	2	3	4	5	6	7	8	9	10	11	12
q_j	1.2	1.7	1.5	1.4	1.7	1.4	1.2	1.9	1.8	1.6	1.7	1.0
d_{0j}	9	14	21	23	22	25	32	36	38	42	50	5

表 4-4-5 12 个客户之间的距离

	P_1	P_2	P_3	P_4	P_5	P_6	P_7	P_8	P_9	P_{10}	P_{11}	P_{12}
P_1	P_1											
P_2	5	P_2										
P_3	12	7	P_3									
P_4	22	17	10	P_4								
P_5	21	16	21	19	P_5							
P_6	24	23	30	28	9	P_6						
P_7	31	26	27	25	10	7	P_7					
P_8	35	30	37	33	16	11	10	P_8				
P_9	37	36	43	41	22	13	16	6	P_9			
P_{10}	41	36	31	29	20	17	10	6	12	P_{10}		
P_{11}	49	44	37	31	28	25	18	14	12	8	P_{11}	
P_{12}	51	46	39	29	30	27	20	16	20	10	P_{12}	

附　　录

附录1　物流管理1+X职业能力测评试题样卷

一、单项选择题（本大题共40小题，每小题0.5分，共20分）

1. （　　）是职业品德、职业纪律、专业胜任能力及职业责任等的总称。
   A. 职业道德　　　　B. 职业操守　　　　C. 职业能力　　　　D. 职业素养
2. 危险化学品的危害主要包括燃爆危害、健康危害和（　　）。
   A. 污染危害　　　　B. 辐射危害　　　　C. 环境危害　　　　D. 水土危害
3. （　　）是指在经济合理区域范围内，根据客户要求，对物品进行拣选、加工、包装、分割、组配等作业，并按时送达指定地点的物流活动。
   A. 配送　　　　　　B. 流通加工　　　　C. 运输　　　　　　D. 仓储
4. 供应链是一个（　　），由围绕核心企业的供应商、供应商的供应商和用户、用户的用户组成。
   A. 静态结构　　　　B. 直线结构　　　　C. 星形结构　　　　D. 网链结构
5. 股份有限公司与有限责任公司的最大区别为（　　）。
   A. 股份有限公司发行股票，有限责任公司不发行股票
   B. 注册人数不同
   C. 注册资本不同
   D. 承担责任不同
6. 迪尔和肯尼迪把企业文化分为四种类型，即强人文化、拼命干、尽情玩文化，攻坚文化和（　　）。
   A. 过程文化　　　　　　　　　　　　　B. 有活力的企业文化
   C. 温室型企业文化　　　　　　　　　　D. 官僚型企业文化
7. 通过建立云仓系统实现仓库设施网络的互联互通，在此基础上面向用户开放云仓资源，实现仓储资源共享的模式称为（　　）。
   A. 云物流　　　　　　　　　　　　　　B. 云仓资源共享模式
   C. 物流众包共享模式　　　　　　　　　D. 物流联盟

8. 在撰写"计划"类办公文书时,计划的目标和任务等内容应出现在(　　)部分。

　　A. 标题　　　　　　B. 前言　　　　　　C. 主体　　　　　　D. 结尾

9. 将工作内容按重要性排序,依次用数字编号,先全力以赴做好标号为"1"的事情,使用的时间管理方法是(　　)。

　　A. 目标计划管理　　B. 六点优先工作制　C. 二八定律　　　　D. 莫法特方法

10. 请使用 SWOT 分析法进行战略选择:众物智联物流与供应链集团拥有雄厚的资金实力和较强的物流服务能力,准备利用自贸区建设的政策优势,在自贸区投资建设面向海外业务的供应链服务公司。这属于(　　)。

　　A. S－O 战略　　　B. W－O 战略　　　C. S－T 战略　　　D. W－T 战略

11. PDCA 循环主要包括四个阶段、八个步骤,其中分析原因和影响因素是(　　)阶段的工作内容。

　　A. 计划（P）　　　B. 实施（D）　　　C. 检查（C）　　　D. 处理（A）

12. 物流行业从业人员与客户交流时要善用眼神、用对方向,其中仰视代表(　　)。

　　A. 友善自信　　　　B. 思考　　　　　　C. 庄重　　　　　　D. 傲慢

13. 创新就是(　　)。

　　A. 科技创新　　　　B. 创造新的事物　　C. 自主创新　　　　D. 少数天才的事情

14. 以下不属于创新思维实现技法的是(　　)。

　　A. 头脑风暴法　　　B. 列举法　　　　　C. 逆向思考法　　　D. 强制联想法

15. 阿里巴巴创业时期的"十八罗汉"虽然有不同背景,但是整个团队对所从事的创业事业有着高度的认同感,从而成就了今天的阿里巴巴。这一现象反映出组建高效创业团队的核心要素中的(　　)。

　　A. 强烈的凝聚力和向心力

　　B. 有共同的创业目标,都将企业利益放在第一位

　　C. 合理的股权分配

　　D. 内部分工与个人能力相匹配

16. 某运输公司即将开拓新市场的大件货物直配业务,在市场调研时发现调研对象沟通难度较高且合作度较低,这时可以采用(　　)法进行数据采集。

　　A. 邮寄问卷　　　　B. 电话访谈　　　　C. 观察　　　　　　D. 二手资料查找

阅读资料:R 公司生鲜连锁北京公司计划拓展北京市老年人的生鲜蔬菜销售与配送业务,公司计划对居住在北京的老人进行实地调研、拜访,以全面了解顾客对生鲜蔬菜品类、价格及物流服务等项目的需求。通过调研工作,R 公司生鲜连锁北京总部初步确定四环以内,家住 3 楼及以上(无电梯)且行动不便的老人为其新的目标顾客。据此回答17、18题。

17. R 公司生鲜连锁总部可以通过朋友介绍、登门拜访和(　　)等有效的方式找到这些老年人顾客。

　　A. 微信朋友圈　　　B. 电子邮件　　　　C. 小区老人活动　　D. 警察救助

18. 在拜访老人顾客前需要准备好:公司的宣传资料、名片、笔记本、(　　)等资料。

A. 矿泉水　　　　B. 西装　　　　C. 老花眼镜　　　　D. 口香糖

19. "开标和评标由（1）来组织，开标人和评标人由（2）提前确定，也可以由（3）抽调各部门人员进行。"以上题干括号中1、2、3，按顺序填写的内容是（　　）。

A. 招标公司　招标公司　招标公司　　　B. 招标公司　招标公司　招标的企业
C. 招标公司　招标的企业　招标公司　　D. 招标公司　招标的企业　招标的企业

20. 以下对异常事件的预防措施理解正确的是（　　）。

A. 事后先私下寻求解决办法　　　　B. 从源头抓起
C. 亡羊补牢悔之晚矣　　　　　　　D. 合同签订需求量，合同执行求质

阅读资料：2019年11月1日，众物智联物流与供应链集团下属的W运输企业承接了T公司一票货物的运货业务，目的地为平阳县的Z商行仓库。该票货物重量为19.23吨，体积为61平方米，运输车牌号为京C××××，后由于货物体积偏大，改为车牌号为沪K××××的平板车。

11月11日上午该票货物送至目的地，11月11日下午W公司客服跟踪货物时，Z商行表示货物送到时放置较乱，同时T公司工作人员也发来一封投诉邮件，投诉W运输企业未按要求送货，表示W运输企业违反了T公司物流供应商的考核管理规定，并称2019年7月也曾发生过另一起类似事件，W运输企业当时也给出了整改方案，但实施状况不好。T公司要求W运输企业跟进该票货运的异常情况处理进度，责令对此次事件做出相应整改措施。据此回答21、22题。

21. W运输公司的客服处理该异常投诉的正确流程是：受理异常事件、采取应急措施、调查并调整以及（　　）。

A. 反馈与改善　　B. 保险索赔　　C. 诚恳道歉　　D. 加大运输环节管控

22. W运输公司安抚T公司顾客时，语言上不能用（　　）词语，不要在电话里和客户争论与解释。

A. 是的　　　　B. 对不起　　　　C. 一定　　　　D. 请证明

阅读资料：2019年9月1日上午10点，众物智联物流与供应链集团南京分公司收到上游供应商入库通知单一份、下游多个客户订货单若干。其中上游客户到货物品为日用品A（外包装尺寸为385毫米×290毫米×280毫米）和某型号家用电器B（590毫米×490毫米×480毫米），其中家用电器物品主要用途为近期促销活动提前备货，计划存储至众物智联物流与供应链集团南京分公司前置仓（云仓），日用品存储至立体库区，要求中午12点之前入库完毕。下游客户订单要求当天16点前完成发货。

作为众物智联物流与供应链集团南京分公司物流中心仓库员小王，在处理客户订单时，发现某一客户订单上联系人与客户档案不符，将之视为无效订单。此外通过对其他下游客户订单EIQ分析，发现其结果为IK值高，而EN值大。据此回答23～27题。

23. 在入库过程中，必须要使用的物流设备是（　　）。

A. 平衡重叉车　　B. AGV　　C. RF　　D. 输送机

24. 本次需要入库的日用品，如使用1 200毫米×1 000毫米规格的托盘码放，则码托时

每层最多可以码放（　　）箱。

　　A. 8　　　　　　　B. 9　　　　　　　C. 10　　　　　　D. 11

25. 小王在处理订单的过程中，视为无效订单的依据是（　　）。

　　A. 订单信息错误　　　　　　　　　B. 超出信用额度
　　C. 超出订单发货日期　　　　　　　D. 存货不足

26. 背景材料中所提到的 EIQ 分析结果为 IK 值高，"IK" 指的是（　　）。

　　A. 订单数量　　　B. 订单品项数　　　C. 品项订购次数　　D. 时间要求频率

27. 本次作业中，较为合适的拣货作业方式是（　　）。

　　A. 摘果式拣选　　B. 播种式拣选　　　C. 接力式拣选　　　D. 混合式拣选

28. 仓库动线的规划通常首先要考虑仓库物品的（　　）。

　　A. 出货频率高低　B. 作业量大小　　　C. 作业时间分布　　D. 作业设备类别

29. 在配送中心布局规划时，应尽量做到（　　）。

　　A. 使彼此之间货物流量小、关系密切的功能区靠近
　　B. 使彼此之间货物流量大、相互独立的功能区靠近
　　C. 使彼此之间货物流量大、关系密切的功能区靠近
　　D. 使彼此之间货物流量小、相互独立的功能区靠近

30. 假设某企业全年（360 天）需用某物品 5 000 件，每次订货成本为 500 元，单位物品年保管费用为 20 元，采用定量订货法，则该物品的经济订货周期为（　　）。

　　A. 34 天　　　　B. 35 天　　　　　C. 36 天　　　　　D. 36.5 天

31. （　　）是通过重货和轻泡货的合理搭配使车辆载重和载积都接近货车规定的上限，使运输收益最大化。

　　A. 配载　　　　　B. 存储　　　　　　C. 配送　　　　　　D. 运输

32. 解决单起点多回路最短线路问题的方法中，最常用的方法是（　　）。

　　A. 扫描法　　　　B. 标号法　　　　　C. 表上作业法　　　D. 节约里程法

33. 根据客户订单的需求情况，制定配货和送货作业的具体规划是（　　）。

　　A. 客户订单计划　B. 入库订单计划　　C. 配送作业计划　　D. 运输作业计划

34. 下列车辆运用效率指标中，属于车辆时间利用指标的是（　　）。

　　A. 技术速度　　　B. 行程利用率　　　C. 吨位利用率　　　D. 车辆工作率

35. 表上作业法中，如果供需不平衡时，需要假设 1 个虚拟需求市场或生产市场，虚拟的生产量或需求量为供需的差额，单位运价为（　　）。

　　A. 0　　　　　　B. 1　　　　　　　C. 行最小值　　　　D. 列最小值

36. 节约里程法每次合并时都要计算所节约距离，纳入现有路线的是（　　）。

　　A. 节约成本最多的站点　　　　　　B. 节约成本最少的站点
　　C. 节约距离最少的站点　　　　　　D. 节约距离最多的站点

37. 当事人要求另一方当事人赔偿时，须提出赔偿要求书，并附运单、货运事故记录和货物价格证明等文件。要求退还运费的，还应附运杂费收据。另一方当事人应在收到赔偿要

求书的次日起，（　　）日内做出答复。

A. 20　　　　　　B. 40　　　　　　C. 60　　　　　　D. 80

38. 下列选项中，国际货运代理企业不得从事的业务是（　　）。

A. 接受收、发货人的委托选择运输线路、运输方式和适当的承运人

B. 提供多式联运服务

C. 允许其他单位以该货物代理企业的名义从事货运代理业务

D. 提供无船承运及现代物流服务

39. 在国际海上货物运输中，若按照货物重量或体积或价值三者中较高的一种方式计收海运运费，则船公司运价表内以（　　）表示。

A. W/M　　　　B. W/M plus ad val　　C. W/M or ad val　　D. ad val

40. 国际货运代理企业根据被代理人的授权，以被代理人的名义从事代理行为时，所产生的法律后果由（　　）承担。

A. 被代理人　　　　　　　　　　　B. 国际货运代理企业

C. 代理行为的相对人　　　　　　　D. 顾客

二、多项选择题（本大题共 20 小题，每小题 1 分，共 20 分）

41. 安全标志包括（　　）。

A. 禁止标志　　B. 提示标志　　C. 指令标志　　D. 警告标志

42. 下列选项中，对拉动式供应链描述正确的包括（　　）。

A. 库存水平较小　　　　　　　　　B. 反应能力较好

C. 提前期一般较小　　　　　　　　D. 服务水平一般较低

43. 智慧物流技术应用方向中的仓内技术主要包括（　　）。

A. 自动化分拣　　B. 穿戴设备　　C. 无人驾驶叉车　　D. 3D 打印技术

44. 物流行业客户沟通提升途径包括（　　）。

A. 方式多样化　　B. 渠道便捷　　C. 主动沟通　　D. 提高沟通技巧

45. 下列可以作为公司注册地址的包括（　　）。

A. 家庭住宅地址　　　　　　　　　B. 租赁办公场地地址

C. 虚拟集群注册地址　　　　　　　D. 学生宿舍地址

46. 物流企业在进行社会物流使用现状调查时，其工作环节一般包括：确定问题与假设、确定所需资料、（　　）、调查报告撰写。

A. 确定收集资料的方式　　　　　　B. 抽样设计

C. 收集数据　　　　　　　　　　　D. 分析数据

47. 众物智联物流与供应链集团的营销人员开发顾客时，需要遵循的步骤包括（　　）。

A. 通过拜访、展会、广告业务发现顾客　　B. 对顾客进一步了解与认识

C. 开展企业的营销工作　　　　　　　　　D. 明确合作合同

48. 物流企业的招标文件应详细描述招标需求，主要内容包括（　　）、企业资质等要求。

A. 招标时间　　　　B. 物流需求　　　　C. 服务质量　　　　D. 投标时间

49. 物流公司在货物入仓时产生货损的原因包括（　　）。

A. 发货方单据错误，导致货物交叉错发

B. 货物包装数量短少，导致数量不符

C. 货物打板不规范，导致货物包装箱受损

D. 操作人员疏忽，多装或少装产生货差

50. 在计算平置库储位面积时，需要考虑的因素包括（　　）。

A. 仓库的高度　　　　　　　　　　B. 地面载荷

C. 物品堆码层数限制　　　　　　　D. 物品属性

51. 常见的物流作业动线类型包括（　　）。

A. U 型动线　　　B. L 型动线　　　C. I 型动线　　　D. X 型动线

52. 库存控制的两个关键考核指标包括（　　）。

A. 库存成本　　　B. 客户满意度　　C. 库存周转天数　D. 库存周转率

53. 导致配载效率低下的因素包括（　　）。

A. 配载优化技术不成熟，计算困难　　B. 配载时间制约

C. 订单波动，带来多次重复计算　　　D. 货物基础数据不准确

54. 货物运输生产计划的作用包括（　　）。

A. 充分满足市场对运输服务的需要

B. 保证工农业生产迅速发展

C. 促进各种运输方式的综合利用和合理分工

D. 提高物流运输生产企业的经济效益

55. 下列选项可提高实载率的措施包括（　　）。

A. 整车运输　　　B. 整车拼装　　　C. 整车分卸　　　D. 分装分卸

56. 下列选项中，属于货物运输合同法律特征的包括（　　）。

A. 运输合同是双务合同　　　　　　B. 运输合同是单务合同

C. 运输合同是有偿合同　　　　　　D. 运输合同是诺成合同

57. 第三方物流企业为本企业支持的自营物流成本可以分为材料费和（　　）。

A. 人工费　　　　B. 维护费　　　　C. 一般经费　　　D. 特别经费

58. 物流质量管理指标包括（　　）。

A. 商品质量指标　B. 工作质量指标　C. 工程质量指标　D. 服务质量指标

59. 下列功能模块中，属于运输管理系统的包括（　　）。

A. 运单管理　　　B. 财务结算　　　C. 出库管理　　　D. 调度管理

60. 自动化立体仓库的主体组成包括（　　）。

A. 操作控制系统　　　　　　　　　B. 巷道式堆垛起重机

C. 在线自动充电系统　　　　　　　D. 货架

三、判断选择题（本大题共 20 小题，每小题 1 分，共 20 分）

61. 职业道德的内容与职业实践活动相互独立，要鲜明地表达职业义务、职业责任以及

职业行为上的准则,反映着特定职业活动对从业人员行为的道德要求。

A. 正确　　　　　　B. 错误

62. 服务意识是指自觉主动做好服务工作的一种观念和愿望,它的内涵只包括发自服务人员内心的意识和服务人员的习惯两方面。

A. 正确　　　　　　B. 错误

63. 为预防中毒,应定期对工作场所空气中的毒物毒性进行监测,超标时要采取措施,将其控制在国家职业卫生标准接触限值以下。

A. 正确　　　　　　B. 错误

64. 安全标志是由安全色、几何图形和图形符号所构成,用以表达特定的安全信息。

A. 正确　　　　　　B. 错误

65. 物流管理的管理对象是物流活动及其他相关活动,而供应链管理的管理对象是客户关系。

A. 正确　　　　　　B. 错误

66. 创新性产品所面临的市场是非常不确定的,产品的寿命周期也比较短。

A. 正确　　　　　　B. 错误

67. 要写好一份计划类文书,首先需要各部门将工作计划拿到例会上进行公开讨论,确认后再开始撰写。

A. 正确　　　　　　B. 错误

68. A物流公司员工小张在准备投标文书时,发现公司不具备招标企业要求的资质。为了完成公司任务,小张虚构部分资质后向招标企业提交了投标文书。

A. 正确　　　　　　B. 错误

69. 商业计划书中应包括对企业未来成长与发展的规划。

A. 正确　　　　　　B. 错误

70. 小王同学打算将创业项目,社区配送企业的注册地址设为学校宿舍。

A. 正确　　　　　　B. 错误

71. 批量拣选作业方式弹性较大、临时性的产能调整较容易,适合订单大小差异较大、订单数量变化频繁、有季节性的商品配送中心。

A. 正确　　　　　　B. 错误

72. 入库作业环节中,苫垫材料的选择只需要考虑物品特性即可。

A. 正确　　　　　　B. 错误

73. 配送中心针对突发事件需要制订应急配送作业计划。

A. 正确　　　　　　B. 错误

74. 送货作业过程中,驾驶员如遇到各种障碍和意外情况,应首先自行解决,无法自行解决的再上报公司。

A. 正确　　　　　　B. 错误

75. 根据我国海商法规定,索赔人向承运人或其代理人发出索赔通知的时限,应在货物交付的次日起连续 7 日内，集装箱货物交付的次日起连续 30 日内提出索赔。

    A. 正确   B. 错误

76. 货运事故处理中，货物损失赔偿费只包含货物价格和运费。

    A. 正确   B. 错误

77. 作业成本核算法计算步骤是：确定作业内容、确定资源成本库、确定作业动因、确定作业成本。

    A. 正确   B. 错误

78. 设备吞吐量是指计划期内（以月为单位）进出库货物的总量，一般以吨表示。

    A. 正确   B. 错误

79. 运输管理系统的模块包括：基本资料管理、运单管理、调度管理、跟踪管理、回单及车辆回队确认、财务结算、统计分析、场站管理和运输保险管理。

    A. 正确   B. 错误

80. 穿梭车，又称 AGV 小车，可用于各类高密度储存方式的仓库、小车通道可设计任意长，可提高整个仓库储存量，在操作时无须叉车驶入巷道，安全性更高。

    A. 正确   B. 错误

四、综合实务题（**本大题共 2 大题，每小题 20 分，共 40 分**）

81. 物流管理项目投标作业（共 20 分）。

2020 年 11 月，众物智联物流与供应链集团根据业务需要，拟将飞达公司（以下简称"客户"）北京至西安、重庆的干线运输业务中的部分业务外包，特拟定了招标公告如附表 1-1-1 所示。假设你是飞跃物流公司市场人员，请完成后续任务。

（题目信息仅供测试之用，不具有真实意义）

附表 1-1-1 众物智联物流与供应链集团招标公告

众物智联物流与供应链集团 2021 年度公路运输服务招标项目

一、首页内容

众物智联物流与供应链集团 2021 年度公路运输物流服务供应商招标文件

招标单位：众物智联物流与供应链集团

招标时间：2020 年 12 月 1 日—2020 年 12 月 15 日

招标地点：北京市通州区众物智联物流基地

二、投标邀请

    众物智联物流与供应链集团，成立于 2001 年，注册资金 2 亿元。公司定位：全国最有影响力的合约物流"领头羊"。公司以华北区域为核心辐射，以合约型快速消费品标准化、网络化、信息化仓储、运输、配送运营服务为主业，逐步创新渗透上游高端产品贸易领域和下游核心物流资源的平台建设和整合，从而实现提供供应链综合价值性服务。

众物智联物流与供应链集团

2020 年 12 月 1 日

三、公路运输物流合作招标公告

    众物智联物流与供应链集团于 2020 年 12 月 1 日—2020 年 12 月 15 日对 2021 年度项目相关发货区域公路运输业务进行公开招标。现就招标有关事宜予以公告，竭诚欢迎符合要求的物流服务供应商参加投标。

    1. 招标项目相关信息

续表

(1) 运输对象为：食品，规格外包装 (2) 运输线路为： 始发地：北京 目的地：西安、重庆 2. 投标资格要求 (1) 物流项目投标人注册资本不得少于人民币 200 万元。 (2) 须有两年以上的运输经验，提供国家核准颁发并至今有效的可经营公路/铁路运输业务的《企业法人营业执照》《道路运输经营许可证》等所要求的资质证明资料。 (3) 运作车辆车型应满足招标单位产品、原料的运输要求，为自有车辆或长期协议车辆，且为符合国家标准的合法车辆。 (4) 以公司性质参与投标的自有车辆或签约车辆数不得少于 10 辆，且需保证自有车辆或签约车辆可供招标单位随时调配。 (5) 具备运输风险承担能力和运输质量保障能力，具备承担在运中造成损失的能力。能够提供全天候、畅通的信息沟通渠道，以及固定的联络人员名单及联系方式。 (6) 报价的区域划分以省份为主，投标单位必须在某线路上有核心优势。 (7) 提供承运其他客户合作业绩相关资料。 (8) 本次招标不接受两家及以上供应商联合投标。 3. 招标相关事项说明 (1) 参加投标的供应商领取招标文件，需提供相关公司的资质证明，并用现金缴纳 100 元/份的标书制作费用。 (2) 招标通知时间：2020 年 12 月 1 日（星期二）。 (3) 招标动员会、招标文件发放时间：2020 年 12 月 2 日（星期三）。 (4) 投标截止时间：2020 年 12 月 15 日（星期二）12 点。 (5) 开标时间：2020 年 12 月 15 日（星期二）15 点。 (6) 中标通知书发放时间：2020 年 12 月 18 日（星期五）。 (7) 标书递交地址：北京市通州区众物智联物流基地（马驹桥）兴茂二街。 收件人：张三 电话：010 - 60592888 - 123 特别说明：如需快递投递标书，需在快递单上备注"投标资料"字样，如无备注，收件人拆开快递视为废标。 (8) 开标地点：众物智联物流与供应链集团运营管理部。 4. 招标单位、联系人及联系电话 招标单位：众物智联物流与供应链集团 联系人：张三，197123456789。 电子邮箱：张三（zhangsan@zwzljt.com）。

截至 2020 年 12 月 15 日 12 点，众物智联物流与供应链集团共收到 B、C、D、E、F 五家公司的标书，并于 15 点组织开标。公司按照"三权分立"原则成立多个小组，对投标书的密封性等情况进行监督。经确认无误后，由工作人员当众拆封，并且宣读了这五家承包商的投标名称、投标价格和其他的主要内容。

根据采购需求，评标委员会按照招标文件中确定的综合评分标准，对五家投标人的报价、运力、KPI 考核等相关情况进行综合评估。五家投标人综合得分从高到低的顺序依次是 B、C、F、E、D，并最终确定承包商 B 为中标人。

（1）飞跃物流公司获取招标信息的方式是（　　）。（3 分）

A. 第三方链接　　　　　　　　　　　B. 中国采购招标网

C. 专业招标 App 程序　　　　　　　　D. 客户介绍

（2）（多项选择）飞跃物流公司拟针对需求进行投标，下列关于条件描述是本次投标必须满足的包括（　　）。(3 分)

A. 投标企业应提供《企业法人营业执照》《道路运输经营许可证》
B. 投标企业需提供《运力资料及车辆一览表》，并列出不少于 20 辆车辆
C. 投标企业需提供三年以上持续经营的证明材料
D. 投标企业应提供运营车辆购买保险证明
E. 投标企业应具备相应的信息管理系统

（3）A 公司于 2020 年 12 月 12 日购买招标文件，并于 2020 年 12 月 14 日通过顺丰快递投递标书，2020 年 12 月 15 日 16 点送达。开标后发现未能中标。从题干看出，A 公司未中标的原因是（　　）。(2 分)

A. 未在规定时间内领取招标文件　　　B. 未通过正规渠道获取招标信息
C. 未在规定时间内投递标书　　　　　D. 其他公司的标书更有优势

（4）（多项选择）投标专用袋上应做（　　）标识。(3 分)

A. 投标编号、包号、投标设备名称
B. 投标单位名称
C. "2020 年 12 月 15 日 15 点前不得启封"
D. 机密文件

（5）（排序）开标的规范流程为（　　）—（　　）—（　　）—（　　）。(4 分)

A. 记录并存档　　B. 拆封　　　C. 密封情况检查　　D. 唱标

（6）此次评标采取的评标方法为（　　）。(2 分)

A. 单向评议法　　B. 合理低价评议法　　C. 综合评议法　　D. 专家评议法

（7）（多项选择）招标结束后，C、D、E、F 公司落标，可能的原因包括（　　）。(3 分)

A. 投标价格过高　　B. 评标过程有问题　　C. 资质不合要求　　D. 投标资料有问题
E. 参数偏离严重

82. 物流成本核算与控制（共 20 分）。

众物智联物流与供应链集团某综合服务部 2020 年 11 月主要服务于乐业、敬业两家电商集团。11 月物流总成本、资源成本库和两客户订单及占用资源表如附表 1-1-2~附表 1-1-4 所示。

附表 1-1-2　物流总成本

支付形态	支付明细	相关费用/元
维护费	固定资产折旧	120 000
	维修保养费	40 000
人工费	综合服务部员工（12 人）	60 000

续表

支付形态	支付明细	相关费用/元
材料费	材料费	20 000
一般经费	办公费	10 000
	水电费	10 000
	合计	260 000

附表 1−1−3 资源成本库（单位：元）

费用	订单处理	质量检验	货物出入库	仓储管理	合计
人工费	10 000	15 000	15 000	20 000	60 000
折旧费	10 000	20 000	40 000	50 000	120 000
维修费	2 000	14 000	14 000	10 000	40 000
材料费	5 000	5 000	5 000	5 000	20 000
办公费	3 000	2 000	2 000	3 000	10 000
水电费	2 000	2 000	2 000	4 000	10 000
合计	32 000	58 000	78 000	92 000	260 000

附表 1−1−4 客户订单及占用资源情况

项目（单元）	乐业	敬业	合计
月订单总数/份	10 000	6 000	16 000
质量检验次数/次	600	400	1 000
货物进出库总工时/小时	1 000	500	1 500
租赁仓库面积/平方米	13 000	10 000	23 000

根据背景资料请完成以下任务：

(1) 判断题。

①使用作业成本核算法的第一步是确定成本动因。（　　）（1分）

②在作业成本核算法中，作业动因需要量化。（　　）（1分）

(2) 请从备选项中选出最适合的成本动因，填入附表 1−1−5 中对应的空格。（每空 1 分，共 4 分）

附表 1−1−5 作业动因

作业	成本动因
订单处理	（　　）
质量检验	（　　）
货物进出库	（　　）
仓储管理	（　　）

A. 人工工时　　　B. 检验次数　　　C. 订单数量　　　D. 租赁仓库面积

(3) 使用作业分配系数计算公式，计算并填写作业分配系数表。（每空 0.5 分，共 14 分）（填写在附表 1-1-6 和附表 1-1-7 的括号内）

$$作业分配系数 = \frac{作业成本}{作业量}$$

附表 1-1-6　作业分配系数

作业	订单处理	货物验收	货物进出库	仓储管理	合计
作业成本/元	32 000	( )	78 000	92 000	260 000
作业量/份	16 000	( )	( )	( )	
作业分配系数	2	( )	( )	( )	

附表 1-1-7　客户实际服务成本

作业	作业分配系数	实际耗用成本动因数		实际成本/元	
		乐业	敬业	乐业	敬业
订单处理	2	( )	( )	( )	( )
质量检验	( )	( )	( )	( )	( )
货物进出库	( )	( )	( )	( )	( )
仓储管理	( )	( )	( )	( )	( )
合计				( )	( )
总计				260 000	

附录 2　综合设计

附录 2-1　出库拣选作业组织与设计

资料一：订单资料

现代配送中心信息员将收到的订单按照填写完整、无涂改、有合法人员签字盖章、没有超过处理时间等初审原则审核合格后，录入电脑，然后提交主管袁经理审批。袁经理根据这批订单安排 4 月 28 日的配送作业。订单如附表 2-1-1～附表 2-1-10 所示。

附表 2-1-1　订单 1

供货单位：现代配送中心　　配送日期：2021-5-1

订单号	001	送达单位		爱家超市
货物种类		物品名称	包装单位	数量
食用油		"金浩"茶油	箱	5
		"红花"籽油	箱	4

续表

货物种类	物品名称	包装单位	数量
茶叶	"西湖"龙井	箱	10
	"君山"毛尖	箱	8
主管审批			

附表 2-1-2　订单 2

供货单位：现代配送中心　　配送日期：2021-4-28

订单号	002	送达单位	沃尔玛超市	
货物种类	物品名称	包装单位	数量	
食用油	"金浩"茶油	箱	12	
	"红花"籽油	箱	8	
	"金龙鱼"花生油	箱	15	
茶叶	"君山"毛尖	箱	7	
食品	巧玲珑	箱	3	
	新面族	箱	12	
主管审批				

附表 2-1-3　订单 3

供货单位：现代配送中心　　配送日期：2021-4-28

订单号	003	送达单位	万家超市	
货物种类	物品名称	包装单位	数量	
食用油	"金浩"茶油	箱	13	
	"金龙鱼"花生油	箱	6	
	"红花"籽油	箱	10	
茶叶	"西湖"龙井	箱	6	
	"君山"毛尖	箱	18	
食品	巧玲珑	箱	7	
	亚洲精选	箱	8	
	新面族	箱	10	
主管审批				

附表 2-1-4　订单 4

供货单位：现代配送中心　　　配送日期：2021-4-28

订单号	004	送达单位	家乐福超市	
货物种类		物品名称	包装单位	数量
饮料		"麒麟"饮品	箱	8
食用油		"金浩"茶油	箱	9
		"金龙鱼"花生油	箱	7
茶叶		"君山"毛尖	箱	8
食品		巧玲珑	箱	6
		亚洲精选	箱	12
		新面族	箱	10
主管审批				

附表 2-1-5　订单 5

供货单位：现代配送中心　　　配送日期：2021-4-28

订单号	005	送达单位	红日超市	
货物种类		物品名称	包装单位	数量
食用油		"金浩"茶油	箱	9
		"金龙鱼"花生油	箱	13
茶叶		"君山"毛尖	箱	2
食品		巧玲珑	箱	6
		亚洲精选	箱	12
主管审批				

附表 2-1-6　订单 6

供货单位：现代配送中心　　　配送日期：2021-4-28

订单号	006	送达单位	百佳超市	
货物种类		物品名称	包装单位	数量
食用油		小麦油	箱	8
		"金浩"茶油	箱	14
茶叶		"西湖"龙井	箱	3
食品		新面族	箱	14
		亚洲精选	箱	7
		面霸 120	箱	9
主管审批				

附表 2-1-7 订单 7

供货单位：现代配送中心　　配送日期：2021-4-28

订单号	007	送达单位	新一佳超市	
货物种类	物品名称		包装单位	数量
食用油	"红花"籽油		箱	13
	"金龙鱼"花生油		箱	10
茶叶	巧玲珑		箱	5
食品	亚洲精选		箱	6
	新面族		箱	8
主管审批				

附表 2-1-8 订单 8

供货单位：现代配送中心　　配送日期：2021-4-28

订单号	008	送达单位	人人家超市	
货物种类	物品名称		包装单位	数量
食用油	"金浩"茶油		箱	10
	"金龙鱼"花生油		箱	4
食品	巧玲珑		箱	6
	亚洲精选		箱	7
	面霸120		箱	6
	新面族		箱	2
主管审批				

附表 2-1-9 订单 9

供货单位：现代配送中心　　配送日期：2021-4-28

订单号	009	送达单位	大润发超市	
货物种类	物品名称		包装单位	数量
食用油	小麦油		箱	7
	"金浩"茶油		箱	12
	"红花"籽油		箱	7
茶叶	"君山"毛尖		箱	2
食品	巧玲珑		箱	2
	亚洲精选		箱	8
	面霸120		箱	10
主管审批				

附表 2–1–10　订单 10

供货单位：现代配送中心　　配送日期：2021–4–28

订单号	010	送达单位		四季发超市
货物种类		物品名称	包装单位	数量
饮料		"娃哈哈"饮用水	箱	5
		"康师傅"矿泉水	箱	10
食品		妙脆角	箱	5
		"旺旺"雪饼	箱	8
		"旺旺"烧米饼	箱	10
调味品		"龙牌"酱油	箱	4
主管审批				

资料二：仓库布置示意图

仓库布置示意图如附图 2–1–1 所示。

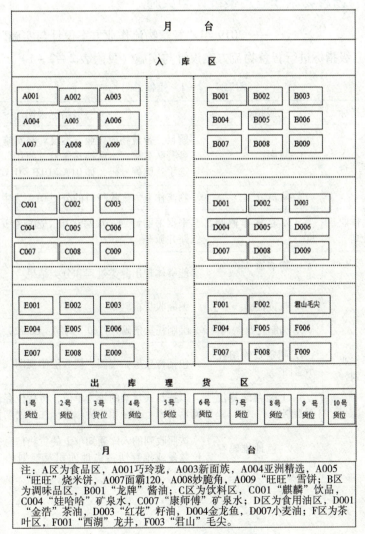

附图 2–1–1　仓库布置示意图

资料三：其他相关信息

已知这些货物储存都采取就地存放方式，每件体积大致相当，一个托盘能堆码 50 箱货物，拣选时搬运作业采用手动托盘搬运叉车和托盘搬运。

资料四：库存信息

袁经理检查库存发现"麒麟"饮品缺货。

请根据以上资料，完成以下任务：

（1）对这批订单进行审批，并提出处理意见。
（2）根据不同订单，确定拣选方式。
（3）缮制拣选作业单。
（4）设计每趟拣选的品种、数量和行走路线。
（5）标出每个订单客户在出库理货区的位置。

附录 2-2　智慧物流作业方案设计与实施

——2019 年"智慧物流作业方案设计与实施"技能大赛样题

（一）根据三级指标进行智慧物流方案设计与实施（见附表 2-2-1）

附表 2-2-1　指标说明

一级指标	二级指标	三级指标	三级指标说明
物流作业方案设计	工作准备	1. 封面	题目：智慧物流作业方案设计与实施 参赛队名称：本队抽签序号，如 01 选手：胸牌号码，如 01A、01B、01C、01D
		2. 队员分工	物流作业方案执行时的分工 01A 为主管（队长）
	运输作业计划	*3. 运输车辆调度	根据采购计划，填写运单，选取合适的车型、吨位、线路并派车
	入库作业计划	4. 物动量 ABC 分类表	能够体现出分类过程和分类结果
		5. 收货检验	编制收货检验单
		6. 编制托盘条码	编制托盘条码并打印。码制：Code39、8 位、无校验码
		7. 制定货物组托示意图	包括奇数层俯视图、偶数层俯视图
		8. 上架存储货位图绘制	以托盘式货架的排为单位，将货位存储情况反映在存储示意图上，在相应货位上标注货物名称
		*9. 就地堆码存储区规划	按照收到的入库通知单上的货物信息完成存储所需货位数量或堆存所需占地面积及规划的货垛长、宽、高（箱数）

续表

一级指标	二级指标	三级指标	三级指标说明
物流作业方案设计	出库作业计划	10. 订单有效性分析	参赛队收到客户订单后，应对订单的有效性进行判断，对确定的无效订单予以锁定，陈述理由，主管签字并标注日期
		11. 客户优先权分析	当多个客户针对某一货物的货量需求量大于该货物库存量时，应对客户进行优先等级划分以确定各自的分配量，并阐明理由
		12. 库存分配计划表	依据客户订单和划分后的客户优先等级顺序制订库存分配计划表，将相关库存依次在不同的客户间进行分配并显示库存余额，对于缺货订单进行妥善处理
		13. 拣选作业计划	根据客户订单，设计拣选单，必有项目齐全，拣选作业流畅，应能减少拣选次数、优化拣选路径、缩短拣选时间，注重效率
		14. 月台分配示意图	将月台在客户间进行分配，便于月台集货，并编制月台点检单
	配送作业计划	15. 配送车辆调度与路线优化	根据所给数据利用节约里程法，完成车辆调度方案和路线优化设计
		16. 配装配载方案	根据配送线路优化结果，绘制配送车辆积载图，以体现配送的先后顺序（按客户绘制，不显示货物品种）
	编制计划	17. 作业进度计划	按照时间先后顺序将每位参赛队员在方案执行过程中的工作内容编制成作业进度计划（甘特图），包括设备租赁情况及可能出现问题的预案
		18. 预算表	包括作业过程可能发生的各种费用项目及相应的预算金额，以便与实际发生的费用比较，满足预算编制信息的内容
	执行入库作业计划	1. 入库准备工作	粘贴托盘条码，整理作业现场
		2. 验货、组托	验收无误后，按照堆码要求，将散置堆放的货物科学、合理地码放在托盘上
		3. 启动 WMS	完成货物信息录入
		4. 入库作业	完成货物入库操作并指挥叉车工上架作业
	执行出库作业计划	5. 拣选作业	按照设计的拣选单进行拣选作业及拆零货的再包装
		6. 出库作业	完成各客户所要货物的出库复核、月台点检、理货
	执行配送作业计划	7. 调整配送路线	根据实时交通信息调整配送路线
		8. 货物配装	选择合适的车型（微缩模拟）完成货物的配装（车型不同成本不同）
		9. 货物送达	只进行配送排序第一位的客户（按调整后的路线顺序）货物卸货交接
说明	1. 表中带 * 号三级指标项在实施过程中不执行 2. 可参考物流管理专业资源库中相关资料		

（二）方案设计所需信息

1. 案例背景

商贸物流：作业发生地点在天津市某物流企业，其本地物品供应商均为送货上门，外地供应商为上门取货。同时接到一批商贸客户的订单，根据客户的相关信息，处理订单并完成相关的物流作业。

2. 作业场地平面图（见附图2-2-1）

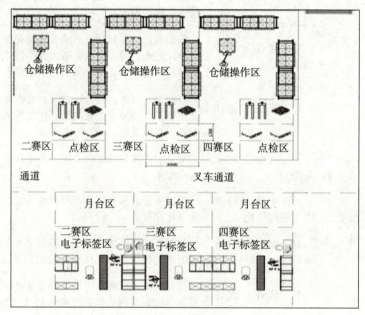

附图2-2-1 作业场地平面图

3. 作业场地主要设备及软件（见附表2-2-2）

附表2-2-2 作业场地主要设备及软件

序号	设备名称	规格	数量
1	基站	型号：DWL-3200AP 工业级设备，传输协议TCP/IP	1台
2	条码打印机	Datamax-4206	3台
3	标签耗材	NS21 优质纸材标签打印纸等（满足大赛使用要求），标准为100毫米×50毫米或90毫米×55毫米	1批
4	标准托盘	NS32 川字形托盘，尺寸 $L1\ 200 \times W1\ 000 \times H160$（毫米），承重能力在500千克以上	100个
5	重型货架	NS56 参考国赛标准：货架材质及承重以工业级重型货架为参考依据横梁式货架，3层货位	12组

续表

序号	设备名称	规格	数量
6	电动堆高车（或叉车）	额定载荷1 000千克，起升高度3 000毫米，货叉长度1 000毫米，货叉宽度310~670毫米	3台
7	地牛	额定载荷2.5吨，最大高度200毫米	3台
8	RF手持终端	操作方式：Windows Embedded CE 6.0 处理器：Samsung ARM920T@533MHz	3把
9	摘取式电子标签	瑞意博RY20-1360电子标签	3套
10	电子标签智能拣货台车	RYPT-1392	3台
11	BtoC电子标签	瑞意博RY20-1350电子标签	3套
12	中型货架	$L1\,500 \times W500 \times H2\,000$（毫米），钢构，组合式托盘平面货架，共四层，带隔板。与电子标签流利货架配合使用，完成B2C的电子标签补货环节	6组
13	流利货架	尺寸约$L1\,500 \times W700 \times H2\,000$（毫米），钢构，组合式托盘平面货架，共三层，每层货架上安装有3排流利链，每层9根左右铝合金流利条，完成物料的自由滑出，与电子标签辅助拣货系统配套使用；每个货架载荷不小于500千克。配合播种式与摘取式电子标签使用	9套
14	折板箱	基础参数：600毫米×400毫米×147毫米	24个
15	周转箱	基础参数：600毫米×400毫米×320毫米	24个
16	静音手推车	优质钢构，额定载荷150千克以内	3辆
17	简易配送车	主要用于装车配送货物的模拟。参考尺寸：大车1.6米×1.06米×1.38米、小车1.35米×0.9米×0.88米 大车小车每组各一辆	6辆
18	全国物流技能大赛平台V1.0	仓储大赛管理系统V4.0版 RF大赛管理软件V2.0 主要功能包含RF组托、RF上架、RF拣选、电子标签周转箱扫描、B2C播种扫描、RF配送签收等可与RF手持无缝连接	1套
19	物流职业能力测评	物流职业能力测评软件	1套

4. 供应商信息

本企业供应商A信息如附表2-2-3所示。

附表2-2-3 供应商A

供应商名称	供应商A	供应商属性	本地供应商
法人代表	李刚	电话	022-78432441
联系人	王黄河	传真	022-65478322
地址	长沙市开福区	邮箱	Fasite@163.com

本企业供应商 B 信息如附表 2-2-4 所示。

附表 2-2-4　供应商 B

供应商名称	供应商 B	供应商属性	异地供应商
法人代表	张建	电话	028-78432441
联系人	宋长江	传真	028-65478322
地址	武汉市高新区	邮箱	Easite@163.com

5. 客户档案

客户 1 档案如附表 2-2-5 所示。

附表 2-2-5　客户 1

客户编号			2008020212		
公司名称		1 号店		助记码	YH
法人代表	张红	家庭地址	长沙市开福区佳和家园×-×-×××	联系方式	36357796
证件类型	营业执照	证件编号	12021675478921	营销区域	长沙市开福区
公司地址		长沙市开福区	邮编　830000	联系人	吴国福
办公电话	28653212	家庭电话	45338506	传真号码	28654897
电子邮箱	yihao@126.com	QQ 账号	3753885316	MSN 账号	yihao@msn.com
开户银行		新华商业银行	银行账号		86439896420421
公司性质	民营	所属行业	零售业	注册资金	800 万元	经营范围	食品、办公用品
信用额度	150 万元	忠诚度	高	满意度	较高	应收账款	143 万元
客户类型		重点型	客户级别		A

客户 2 档案如附表 2-2-6 所示。

附表 2-2-6　客户 2

客户编号			2009012311		
公司名称		2 号店		助记码	EH
法人代表	李文和	家庭地址	长沙市芙蓉区枫林别墅 12 号	联系方式	23212018
证件类型	营业执照	证件编号	120213789341238	营销区域	长沙市芙蓉区
公司地址		长沙市芙蓉区	邮编　830000	联系人	李凯
办公电话	82641893	家庭电话	37827463	传真号码	24264180
电子邮箱	erhao@.126com	QQ 账号	738496216	MSN 账号	erhao@msn.com
开户银行		工商银行	银行账号		1566331510296580

续表

公司性质	民营	所属行业	零售业	注册资金	300万元	经营范围	食品、日用百货
信用额度	9万元	忠诚度	一般	满意度	高	应收账款	8.98万元
客户类型	普通型			客户级别		B	

客户3档案如附表2-2-7所示。

附表2-2-7 客户3

客户编号	2003020216				
公司名称	3号店		助记码	SH	
法人代表	陈小明	家庭地址	长沙市天心区滨海街渔光家园×-×××	联系方式	68560698
证件类型	营业执照	证件编号	120213432567876	营销区域	长沙市天心区
公司地址	长沙市天心区		邮编	830000	联系人	王林
办公电话	38293647	家庭电话	53468679	传真号码	38293600
电子邮箱	sanhao@126.com	QQ账号	575967882	MSN账号	sanhao@hotmail.com
开户银行	招商银行		银行账号	93725289031384	
公司性质	民营	所属行业	零售	注册资金	300万元	经营范围	日用品、食品
信用额度	10万元	忠诚度	一般	满意度	低	应收账款	9.8万元
客户类型	普通型			客户级别		C	

客户4档案如附表2-2-8所示。

附表2-2-8 客户4

客户编号	2003041201				
公司名称	4号店		助记码	SH	
法人代表	董华	家庭地址	长沙市岳麓区红旗家园×-×-××	联系方式	68669123
证件类型	营业执照	证件编号	120219278369890	营销区域	长沙市岳麓区
公司地址	长沙市岳麓区		邮编	830000	联系人	王大
办公电话	67530877	家庭电话	63520555	传真号码	67530445
电子邮箱	sihao@126.com	QQ账号	263820344	MSN账号	sihao@126.com
开户银行	农业银行		银行账号	62839047352	
公司性质	中外合资	所属行业	商业	注册资金	1 000万元	经营范围	食品、办公用品
信用额度	200万元	忠诚度	高	满意度	高	应收账款	198万元
客户类型	伙伴型			客户级别		A	

6. 物动量信息

出库作业周报如附表 2-2-9~附表 2-2-14 所示。

附表 2-2-9　出库作业周报 1（物动量统计）

制表人：张良　　　　　　　制表时间：2018 年 11 月 18 日

序号	货品编码/条码	货品名称	出库量/箱
1	6904567000012	白砂糖	198
2	6904567000036	冰红茶	430
3	6904567000050	天地壹号	660
4	6904567000074	"维达"纸巾	26
5	6904567000081	"维维"饼干	198
6	6904567000043	"联想"电脑显示屏	31
7	6904567000098	复印纸	20
8	6904567000067	"康师傅"方便面	431
9	6904567000029	王老吉	540
10	6904567000104	五粮液	38
11	6934024512166	"洽洽"瓜子	98
12	6900077001736	"鲁花"花生油	56
13	6934024512163	"宝洁"卷纸	49
14	6901028016406	龙眼干	60
15	6901028016407	"农夫"色拉油	12
16	6901028016408	"安神"香皂	78
17	6901028016412	"心相印"纸巾	21
18	6901028016415	川贝粉	18
19	6901028016416	"长城"干白葡萄酒	36
20	6901028016420	"金锣"火腿肠	28
21	6901028016422	"六神"花露水	12
22	6901028016434	"娃哈哈"AD 钙奶	30
23	6901028016477	"西门子"微波炉	30
24	6901028016409	"奇妙"洗发水	69
25	6934024512161	"德芙"巧克力	15

附表 2-2-10　出库作业周报 2（物动量统计）

制表人：张良　　　　　　　制表时间：2018 年 11 月 25 日

序号	货品编码/条码	货品名称	出库量/箱
1	6904567000012	白砂糖	120
2	6904567000036	冰红茶	336
3	6904567000050	天地壹号	730
4	6904567000074	"维达"纸巾	34
5	6904567000081	"维维"饼干	86
6	6904567000043	"联想"电脑显示屏	39
7	6904567000098	复印纸	19
8	6904567000067	"康师傅"方便面	106
9	6904567000029	王老吉	965
10	6904567000104	五粮液	4
11	6934024512166	"洽洽"瓜子	49
12	6900077001736	"鲁花"花生油	56
13	6934024512163	"宝洁"卷纸	142
14	6901028016406	龙眼干	22
15	6901028016407	"农夫"色拉油	37
16	6901028016408	"安神"香皂	31
17	6901028016412	"心相印"纸巾	23
18	6901028016415	川贝粉	28
19	6901028016416	"长城"干白葡萄酒	24
20	6901028016420	"金锣"火腿肠	8
21	6901028016422	"六神"花露水	20
22	6901028016434	"娃哈哈"AD 钙奶	15
23	6901028016477	"西门子"微波炉	20
24	6901028016409	"奇妙"洗发水	44
25	6934024512161	"德芙"巧克力	1

附表 2-2-11　出库作业周报 3（物动量统计）

制表人：张良　　　　　　　制表时间：2018 年 12 月 2 日

序号	货品编码/条码	货品名称	出库量/箱
1	6904567000012	白砂糖	256
2	6904567000036	冰红茶	259

续表

序号	货品编码/条码	货品名称	出库量/箱
3	6904567000050	天地壹号	1 032
4	6904567000074	"维达"纸巾	40
5	6904567000081	"维维"饼干	20
6	6904567000043	"联想"电脑显示屏	25
7	6904567000098	复印纸	0
8	6904567000067	"康师傅"方便面	67
9	6904567000029	王老吉	1 070
10	6904567000104	五粮液	13
11	6934024512166	"洽洽"瓜子	34
12	6900077001736	"鲁花"花生油	13
13	6934024512163	"宝洁"卷纸	54
14	6901028016406	龙眼干	36
15	6901028016407	"农夫"色拉油	75
16	6901028016408	"安神"香皂	32
17	6901028016412	"心相印"纸巾	27
18	6901028016415	川贝粉	28
19	6901028016416	"长城"干白葡萄酒	20
20	6901028016420	"金锣"火腿肠	25
21	6901028016422	"六神"花露水	14
22	6901028016434	"娃哈哈"AD钙奶	15
23	6901028016477	"西门子"微波炉	1
24	6901028016409	"奇妙"洗发水	58
25	6934024512161	"德芙"巧克力	22

附表 2-2-12　出库作业周报 4（物动量统计）

制表人：张良　　　　　　制表时间：2018 年 12 月 9 日

序号	货品编码/条码	货品名称	出库量/箱
1	6904567000012	白砂糖	169
2	6904567000036	冰红茶	312
3	6904567000050	天地壹号	659
4	6904567000074	"维达"纸巾	22
5	6904567000081	"维维"饼干	80

续表

序号	货品编码/条码	货品名称	出库量/箱
6	6904567000043	"联想"电脑显示屏	35
7	6904567000098	复印纸	21
8	6904567000067	"康师傅"方便面	0
9	6904567000029	王老吉	436
10	6904567000104	五粮液	13
11	6934024512166	洽洽瓜子	33
12	6900077001736	"鲁花"花生油	59
13	6934024512163	"宝洁"卷纸	50
14	6901028016406	龙眼干	54
15	6901028016407	"农夫"色拉油	18
16	6901028016408	"安神"香皂	24
17	6901028016412	"心相印"纸巾	5
18	6901028016415	川贝粉	22
19	6901028016416	"长城"干白葡萄酒	5
20	6901028016420	"金锣"火腿肠	9
21	6901028016422	"六神"花露水	18
22	6901028016434	"娃哈哈"AD钙奶	0
23	6901028016477	"西门子"微波炉	20
24	6901028016409	"奇妙"洗发水	0
25	6934024512161	"德芙"巧克力	5

附表2-2-13 出库作业周报5（物动量统计）

制表人：张良　　　　　　制表时间：2018年12月16日

序号	货品编码/条码	货品名称	出库量/箱
1	6904567000012	白砂糖	82
2	6904567000036	冰红茶	120
3	6904567000050	天地壹号	1 201
4	6904567000074	"维达"纸巾	55
5	6904567000081	"维维"饼干	78
6	6904567000043	"联想"电脑显示屏	25
7	6904567000098	复印纸	15
8	6904567000067	"康师傅"方便面	198

续表

序号	货品编码/条码	货品名称	出库量/箱
9	6904567000029	王老吉	213
10	6904567000104	五粮液	13
11	6934024512166	"洽洽"瓜子	86
12	6900077001736	"鲁花"花生油	50
13	6934024512163	"宝洁"卷纸	93
14	6901028016406	龙眼干	46
15	6901028016407	"农夫"色拉油	46
16	6901028016408	"安神"香皂	10
17	6901028016412	"心相印"纸巾	28
18	6901028016415	川贝粉	15
19	6901028016416	"长城"干白葡萄酒	14
20	6901028016420	"金锣"火腿肠	23
21	6901028016422	"六神"花露水	8
22	6901028016434	"娃哈哈"AD钙奶	30
23	6901028016477	"西门子"微波炉	20
24	6901028016409	"奇妙"洗发水	56
25	6934024512161	"德芙"巧克力	25

附表2-2-14 出库作业周报6（物动量统计）

制表人：张良　　　　　　制表时间：2018年12月23日

序号	货品编码/条码	货品名称	出库量/箱
1	6904567000012	白砂糖	119
2	6904567000036	冰红茶	256
3	6904567000050	天地壹号	802
4	6904567000074	"维达"纸巾	12
5	6904567000081	"维维"饼干	166
6	6904567000043	"联想"电脑显示屏	22
7	6904567000098	复印纸	15
8	6904567000067	"康师傅"方便面	106

续表

序号	货品编码/条码	货品名称	出库量/箱
9	6904567000029	王老吉	250
10	6904567000104	五粮液	13
11	6934024512166	"洽洽"瓜子	94
12	6900077001736	"鲁花"花生油	66
13	6934024512163	"宝洁"卷纸	50
14	6901028016406	龙眼干	50
15	6901028016407	"农夫"色拉油	45
16	6901028016408	"安神"香皂	26
17	6901028016412	"心相印"纸巾	36
18	6901028016415	川贝粉	13
19	6901028016416	"长城"干白葡萄酒	16
20	6901028016420	"金锣"火腿肠	6
21	6901028016422	"六神"花露水	27
22	6901028016434	"娃哈哈"AD钙奶	3
23	6901028016477	"西门子"微波炉	0
24	6901028016409	"奇妙"洗发水	48
25	6934024512161	"德芙"巧克力	20

7. 库存状态信息

（1）重型货架（托盘货架）。

货架规格：

重型货架（托盘货架）：2排8列3层，双货位。

货位参考尺寸：第一层：$L1\,125 \times W1\,000 \times H1\,010$（毫米）

第二层：$L1\,125 \times W1\,000 \times H\,1040$（毫米）

第三层：$L1\,125 \times W1\,000 \times H960$（毫米）

货位存储信息：

重型货架（托盘货架）：货位存储图如附图2-2-2所示，货位30元/个。

请各参赛队将新上架货物用图示标示如下（见图2-2-2）。

重型（托盘）货架入库任务完成前库存信息如附表2-2-15所示。

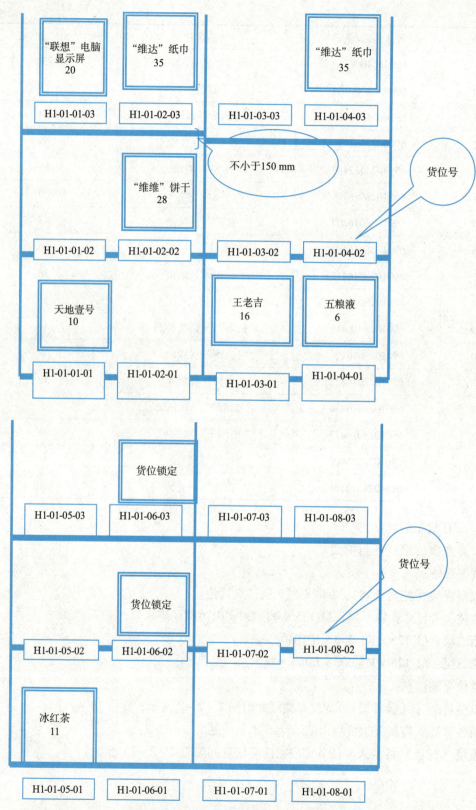

附图 2-2-2 货位存储图

附表2-2-15 重型（托盘）货架入库任务完成前库存信息

序号	货品名称	规格	单位	库存量
1	"维维"饼干	300毫米×250毫米×300毫米	箱	28
2	王老吉	500毫米×300毫米×350毫米	箱	16
3	"维达"纸巾	300毫米×200毫米×200毫米	箱	35
4	冰红茶	600毫米×500毫米×300毫米	箱	11
5	五粮液	600毫米×500毫米×600毫米	箱	6
6	天地壹号	400毫米×250毫米×300毫米	箱	10
7	"联想"电脑显示屏	600毫米×200毫米×300毫米	箱	20

（2）电子标签货架区存储信息。

商品品种具体见电子标签货架区存储信息（见附表2-2-16）。

附表2-2-16 电子标签货架区存储信息

序号	商品品种	商品品种	商品品种
1	"两面针"高效洗衣皂	"美汁源"热带果粒	"柳叶"日用衣架
2	"维达"超韧纸手帕12包/条	"银鹭"八宝粥桂圆莲子	"绿业"不粘油锅碗刷
3	"农夫山泉"饮用天然水	2B铅笔	"洛可可"果蔬箩
4	"怡宝"饮用纯净水	dorr口杯	脉动
5	牙刷	"阿狸"直尺	"美乐"擦洗块
6	"维达"倍柔纸巾	白板笔	汽车橡皮擦
7	"统一"绿茶饮料	白菜碟	"清清美"沐浴花
8	"美汁源"果粒橙	财会专用中性笔	"荣星"强力粘钩
9	"汰渍"无磷洗衣皂	彩色笔	"顺美"强力粘钩

（3）重型货架散货区存储信息。

商品品种具体见重型货架散货区存储信息（见附表2-2-17）。

附表2-2-17 重型货架散货区存储信息

序号	商品名称
1	"娃哈哈"格瓦斯
2	"统一"芒果多
3	"康师傅"冰糖雪梨
4	"悦活"蜜桃U格

8. 入库通知单

入库作业准备项目设计所需资料如下，根据要求完成设计内容（本项内容只设计不执行，只在方案设计中考核，不在方案实施中考核）。

入库通知

今收到供货商发来入库通知单，计划到货日期为明天上午 10 点，内容如下：

品名：五金工具　包装规格：500 毫米×300 毫米×1 200 毫米

包装材质：松木　单体毛重：50 千克

包装标识限高 4 层　数量：3 600 箱

如果此批货物入库后就地码垛堆存，你作为仓库管理员，请计算出至少需要多大面积的储位。如果目标存储区域可堆垛宽度限制为 5.0 米，计算出计划堆成的货垛的垛长、垛宽及垛高各为多少箱。

注：

（1）仓库高度为 4 米，地坪载荷：3 000 千克/平方米。

（2）垛型要求为重叠堆码的平台垛。

（3）储位面积计算要充分考虑仓储"五距"。

9. 采购订货

（1）公司向供应商长沙市康隆食品公司订购商品一批，供应商送货上门，具体入库任务单如附表 2-2-18 所示。

附表 2-2-18　入库任务单

入库任务单编号：R20210625　　　　计划入库时间：到货当日

序号	商品名称	包装规格/毫米 （长×宽×高）	单价 /(元·箱$^{-1}$)	重量 /千克	入库 /箱
1	白砂糖	400×250×250	150	20	26
2	"康师傅"方便面	500×400×300	120	15	12
3	复印纸	500×400×200	120	15	20
4	天地壹号	400×250×300	90	35	18
合计	—	—	—	—	76

供应商：　供应商 A

（2）公司向武汉供应商 B 采购大宗商品，上门提货，采购订单如附表 2-2-19 所示。

附表 2-2-19　采购订单

采购单编号：R20210625　　　　计划到货时间：2019 年 04 月 10 日

序号	商品名称	包装规格/毫米 （长×宽×高）	单价 /(元·套$^{-1}$)	重量 /千克	订购数量 /箱
1	"鲁花"花生油	460×260×180	160	7.5	2 200

供应商：　供应商 B

①装卸货地点。

装货地点：武汉市高新区舜华路 359 号联合财富广场。

卸货地点：长沙市芙蓉区津同公路 19 号。

②长沙—武汉线路信息。

a. 长沙到武汉高速公路全程 338 千米，过路过桥费 258 元。

b. 长沙到武汉国道 480 千米，无过路费。

c. 长沙到武汉省道 520 千米，无过路费。

③燃油价格：5.9 元/升。

④车辆。

车型一：7.2 米厢车，可调用车辆数为 4 辆。

车厢内尺寸 7.2 米×2.3 米×2.7 米，最大载重量 10 吨，车辆在高速公路上空驶平均油耗 16 升/百千米，重驶平均油耗增加 0.4 升/百吨千米。车辆在其他道路上空驶平均油耗 20 升/百千米，重驶平均油耗增加 0.6 升/百吨千米。高速公路过路过桥费平均 1.0 元/千米，其他费用忽略不计。

车型二：9.6 米厢车，可调用车辆数为 4 辆。

车厢内尺寸 9.6 米×2.3 米×2.7 米，最大载重量 20 吨，车辆在高速公路上空驶平均油耗 25 升/百千米，重驶平均油耗增加 0.8 升/百吨千米。车辆在其他道路上空驶平均油耗 32 升/百千米，重驶平均油耗增加 1.2 升/百吨千米。高速公路过路过桥费平均 1.6 元/千米，其他费用忽略不计。

要求：

（1）根据以上信息填写托运单。

（2）请从成本节约角度选取合适的车型车辆、运输线路，然后派车。

（备注：要有分析计算过程）

10. 商贸物流客户采购订单信息

客户采购订单信息如附表 2-2-20～附表 2-2-23 所示。

附表 2-2-20　客户 1 采购订单

订单编号：D202105120211　　　　　　　　　　　　　发货时间：2019 年 5 月 12 日

序号	商品名称	单位	单价/元	订购数量	金额/元	备注
1	白砂糖	箱	150	12	1 800	
2	五粮液	箱	12 000	3	36 000	
3	天地壹号	箱	90	12	1 080	
4	"两面针"高效洗衣皂	块	2	5	10	
5	"维达"纸手帕 12 包/条	条	3.5	8	28	
6	"统一"绿茶饮料	瓶	2.9	4	11.6	
7	"农夫山泉"饮用天然水	瓶	2.5	8	20	

续表

序号	商品名称	单位	单价/元	订购数量	金额/元	备注
8	"宝矿力"水特	瓶	13	1	13	
9	"娃哈哈"格瓦斯	瓶	5	1	5	
10	七喜	瓶	3.5	2	7	
11	"统一"葡萄多	瓶	6.3	1	6.3	
合计					38 980.9	

附表 2-2-21　客户 2 采购订单

订单编号：D202105120212　　　　　　　　　　　　　　发货时间：2019 年 5 月 12 日

序号	商品名称	单位	单价/元	订购数量	金额/元	备注
1	冰红茶	箱	85	8	680	
2	天地壹号	箱	90	8	720	
3	"联想"电脑显示屏	箱	1 200	10	12 000	
4	"怡宝"饮用纯净水	瓶	1	5	5	
5	"农夫山泉"矿泉水	瓶	1	8	8	
6	"维达"倍柔纸巾	包	1.5	9	13.5	
合计					13 426.5	

附表 2-2-22　客户 3 采购订单

订单编号：D202105120213　　　　　　　　　　　　　　发货时间：2019 年 5 月 12 日

序号	商品名称	单位	单价/元	订购数量	金额/元	备注
1	天地壹号	箱	90	8	720	
2	白砂糖	箱	150	13	1 950	
3	"联想"电脑显示屏	箱	1 200	10	12 000	
4	"维维"饼干	箱	180	12	2 160	
5	"娃哈哈"格瓦斯	瓶	5	1	5	
6	七喜	瓶	3.5	2	7	
合计					16 842	

附表 2-2-23　客户 4 采购订单

订单编号：D202105120214　　　　　　　　　　　　　　发货时间：2019 年 5 月 12 日

序号	商品名称	单位	单价/元	订购数量	金额/元	备注
1	五粮液	箱	12 000	2	24 000	
2	白砂糖	箱	150	5	750	

续表

序号	商品名称	单位	单价/元	订购数量	金额/元	备注
3	王老吉	箱	128	13	1 664	
	合计			20	26 414	

11. 客户与配送中心距离信息图（见附图 2－2－3）

注：数字代表距离，单位：千米；圆圈代表客户地点，①为客户 1，②为客户 2，③为客户 3，④为客户 4，Ⓟ为配送中心。配送中心备有载重量 4 吨和 6 吨的汽车，设送到时间均符合用户要求。

（1）试用节约里程法制定最优的配送方案。

（2）配送中心在向客户配送货物过程中每小时平均支出成本为 220 元，假定卡车行驶的平均速度为 38.5 千米/小时，试比较优化后的方案比往返向各客户分送可节约多少费用。

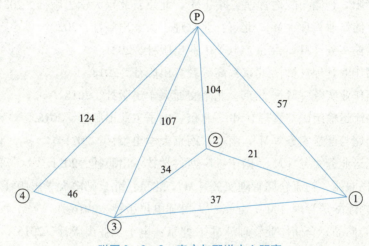

附图 2－2－3　客户与配送中心距离

参 考 文 献

[1] 郭冬芬. 仓储与配送管理实务 [M]. 北京：北京邮电大学出版社，2021.
[2] 李陶然，褚阳. 仓储与配送管理实务 [M]. 北京：北京大学出版社，2021.
[3] 徐丽蕊. 仓储作业管理 [M]. 北京：北京理工大学出版社，2020.
[4] 贾铁刚. 运输实务 [M]. 北京：电子工业出版社，2021.
[5] 薛威. 仓储作业管理 [M]. 北京：高等教育出版社，2018.
[6] 杨帆. 仓储作业实务 [M]. 北京：北京交通大学出版社，2018.
[7] 袁伯友. 物流运输组织与管理 [M]. 北京：电子工业出版社，2018.
[8] 刘小玲. 仓储与配送实务 [M]. 南京：南京大学出版社，2021.
[9] 张素兰. 配送业务实务 [M]. 南宁：广西科学技术出版社，2021.
[10] 孙萌萌，杨丽丽. 物流仓储管理实务 [M]. 北京：北京邮电大学出版社，2016.
[11] 张志乔. 物流配送管理 [M]. 北京：人民邮电出版社，2016.
[12] 武春香，栾向晶. 仓储作业管理 [M]. 北京：电子工业出版社，2015.
[13] 张志乔. 物流配送管理 [M]. 北京：人民邮电出版社，2014.
[14] 钱廷仙. 仓储管理 [M]. 北京：中国人民大学出版社，2014.
[15] 罗俊，黄柳英. 仓储管理 [M]. 重庆：重庆大学出版社，2012.
[16] 钱芝网. 仓储管理实务情景实训 [M]. 北京：电子工业出版社，2008.